BYGGA BASTU

サウナをつくる

スウェーデン式小屋づくりのすべて

リーサ・イェルホルム・ルハンコ　著
中村冬美、安達七佳　訳
太田由佳里　監修

g

Innehåll

目次

※本書は、原書の出版国であるスウェーデンにおける法令、自然環境、D.I.Y文化、サウナ文化を前提にして書かれた翻訳書です。記載内容が日本の状況と合致しない場合もありますので、ご留意のうえお読みください。

Förord
はじめに

　私は、いくつかの理由からサウナ作りに憧れていた。私が借りていた小さな家には、バスルームがなかった。洗面所で簡単に身体を洗うことはできたが、その家の庭、その時の状況、いや人生そのものがサウナを欲していた。私にとってサウナとは、単なる温かい浴室というだけではなく、その簡素さゆえに心からリラックスでき、人との会話を楽しめ、しかも携帯電話を持ち込めない数少ない空間のひとつだ。さらに、私は基礎から何かを作りたいという非常に強い想いを抱えていた。その想いは、車輪付きの小さなサウナという形で実現した。ベンチに訪問客が、なんとか横になれる程度の小さなサウナ小屋だったが、多くの作業を自分の手でできたことは大きな喜びだ。骨組みには、巨大な工業用パレットから切り出した、曲がった再生木材を使った。隣の農場で使われていた古い干し草用の手押し車をサウナの土台として使ったので、引っ越しする時も持っていくことができる。初めてサウナを作る人は誰もが、換気、断熱材、防水層そしてストーブをどのように選ぶべきか、という問題に直面する。ネット上のDIYフォーラムだと、情報を得られるよりも混乱を招くことの方が多い。DIY経験者が「このやり方が正しい!」と思うことは、他の作り手からすぐに反論を受けることが多い。またそんな二人の意見の応酬に、割り込んでくる第三者もいる。だが実際には、そこまで複雑なのだろうか?

　これまでの人生で体験してきたサウナを振りかえってみると、どのサウナも確かに違う。例えば、ストックホルム・ブレーデング地区の地下室にあった小さな電気サウナや、アトリエ協会にあった天井の高い薪ストーブサウナ、友人のアグネスが所有する筏サウナ、あるいはスウェーデン北部のノルボッテン県、アウティオにある親戚のハンスとマリアンの頑丈な作りのサウナ、どれも特色豊かだが、共通しているのはサウナとしてしっかりと機能していることである。つまり暖房効率がよく、保温性が高く、ロウリュをしても、その水がサウナの床にたまることもない。つまりサウナの作り方は千差万別なのだ。この本では、私が大工と建造物の文化財修復士の経験を基に、どのようにサウナ小屋を建てたかを紹介しよう。私は普段、ストックホルムにあるスカンセン(野外博物館)の建築部門に勤め、博物館の歴史的な建物や動物の飼育場および職員用の施設などの維持と修復作業を行っている。これまで私は伝統的な造船所で船大工としての修行を経て、スウェーデンとノルウェーの建設会社で働いてきた。

　この本では、ゲストルームとしても使える小さな独立した薪ストーブサウナの建て方を、順を追って紹介する。自分で何かを作ってみたいと夢見ているあなたにとって、良き手引きとなるだろう。最初のハンマーのひとふりから、ロウリュ(熱いサウナストーンに水をかけ水蒸気を発生させる)まで、少しずつできあがっていくサウナの作り方を、工程ごとに説明した。最も重要な道具の使い方、束石の成形方法、壁の作り方、断熱材の入れ方、屋根の設置方法、窓の改修方法まで、全ての工程を学ぶことができる。新しい挑戦に失敗は付き物ではあるが、諦めないでほしい。練習すれば上手になるし、間違っていたら修正すればいい。

　本書に出てくるやり方はコテージ、市民農園協会、ボートクラブ、市民文化センターや公民館などが実施しているような、様々なDIYプロジェクトに非常によく似ている。サウナができたら、図面を保管し、必要に応じて拡大や縮小を行い、庭の物置小屋、野外トイレ、DIY工房などを建てる時に応用できるだろう。

　それでは、新しいDIYプロジェクトを頑張ってくださいね!

リーサ

日本の読者の皆様へ

自分の手で何かを建てる喜びは万国共通です。そして、サウナは世界のどこにあっても人々の生活を豊かにしてくれます。ただし建築には地域それぞれのやり方があり、私がこの本で書いたサウナの建築方法は、スカンジナビアの気候に基づいています。ですからご自分の住む地域に合うように、ところどころ調整する必要があるでしょう。読者の皆様がこの本を読んで、ハンマーを持ちたいなと思ってくださったら最高に嬉しく思います！

リーサ

Att bygga bastu
サウナの作り方

サウナの機能と完成までのちょっとしたヒント

人類は古代から、世界各地で発汗を目的とする熱気浴を行ってきた。オークニー諸島の集落から発掘された紀元前4,000年頃の遺物は、サウナの習慣を示すと考える人々もいる。石を焚火で温め、テントや地面に掘った穴、小屋や小さな家屋などに運び込んで放熱させた。世界には、今でもその種の熱気浴が行われている地域がある。地中海周辺では、青銅器時代初期の小さな蒸し風呂の跡が発見されている。また、ポルトガル北部には宇宙のシンボルが装飾された鉄器時代の、石造サウナの跡がある。北欧では、いつからサウナ入浴の習慣があったのかは定かではないが、おそらく何千年も前からだろう。

今日のサウナといえば、入浴施設あるいはマンションの地下室にある住民共有の電気式サウナ室から、入江や湖の周辺にある薪ストーブのサウナ小屋まで、あらゆるタイプがある。サウナ小屋作りは面白いセルフビルドであり、最後には静寂と素敵な会話を楽しみ、汗を流す時間が待っている。身体と心がリラックスできるように、仲間と一緒に熱気の中に身を置くという伝統は、様々な場所で、それぞれ好きな儀式を取り入れながら、行われてきた。サウナの外観や形はどれも同じである必要はない。しかし世界のどんな場所であってもサウナ入浴には、共通して熱、空気、水が不可欠だ。サウナを作る者はこれらの要素の調和を意識する必要がある。

熱、空気、水

ストーブはサウナの心臓部と呼ばれることが多い。個人的には、薪ストーブに勝るものはないと思う。準備段階で薪や樺皮を集める手間、火を焚く間にサウナに漂ういい香り。また、薪のたてるパチパチという音などは、最上級のサウナにつきもののBGMだ。しかし電気式のサウナにも利点がある。タイマーで操作ができるため、サウナ入浴者は十分に温度が上がるまで他のことができる。また環境によっては、煙突の設置が適さない所もある。

良好な換気は、サウナの温度や健康促進、さらに湿気を排出する決め手となる。喉の渇きやこめかみがガンガンするような痛み、あるいはめまいを覚えることなく、気持ちよく発汗しながらリラクゼーションを楽しむ最上の入浴体験を味わうには、サウナの空気の質が一番重要だ。サウナを作る人は換気方法を慎重に考え、確実に機能するように確認しなければならない。暑くて湿った空気は排出する必要がある。独立型のサウナの場合は、古い一戸建によく見られるような、自然換気の機能が働く。サウナ室の空気が温められて上昇し、天井や壁に沿って排気弁に流れていくと同時に新鮮な空気が流入するのである。

入浴や掃除で使った水もどこかへ流さなければならない。そのためには、適切な場所に排水溝を設置したり、床板の隙間から排水するようにしたらいいだろう。その後水をどこへ流すかは、土地の条件による。ボーリングをして砂利を詰める必要があるかもしれない。あるいはサウナから少し離れた場所まで排水を誘導する必要があるかもしれない。

水蒸気については、また別の問題だ。水をかけると、フィンランド語で「ロウリュ（löyly）」と呼ばれる水蒸気が発生する。温かい空気は冷たい空気よりたくさんの水蒸気を含むだけでなく、膨張する。蒸気圧は湿った空気を排気口へ押し出すが、一部は壁にも染み込んでいく。がっしりした丸太の壁であれば大した問題にはならない。木材にはある程度の湿気を処理できる能力があるからだ。しかし、断熱材を入れた骨組みを使った場合は、サウナを作る側が慎重になる必要がある。それについては断熱についての章で詳しく述べよう。

建築場所および建築許可

建材や建築道具の注文を始める前に、サウナを建てる場所を決めた方がいい。凸凹が少ない、ある程度平な場所に建てるのが最も簡単だ。多少の凸凹であれば束石と鋼製束で補えるが、大きな段差がある場合、掘削したり時には発破をかけたりする必要がある（北欧は地盤が岩石の場合が多い）。サウナ小屋は風通しがよく、日当たりのいい場所に建てるべきだ。木や茂みの近くには建てない方がいい。火災の危険性もあるが、湿気の高い日陰は藻類やカビが繁殖しやすくなる。その他、はしごを立てかけたり、建材を保管したりなど、建築作業に関わるスペースも必要だ。

さらに景色だって重要だ。やや高台で、周囲の家屋から離れた場所が望ましい。サウナの外においたベンチで一息つく時、どんな景色を眺めたいと思うだろうか？ 孤独を楽しめる一角が欲しいなら、建物の向きを変えた方がいいかもしれない。照明が欲しい場合や電気式のサウナを作る場合などは、電気の配線のことも考慮する必要がある。

このような小さな建物に建築許可が要求されることはほとんどないが（スウェーデンの friggebo 制度では15㎡以内の小屋を許可なしに建築申請のみで自由に建てられる）、建築届けは提出する必要がある。また隣人がいる場合、建築予定について話しておいた方がいいだろう。サウナ用薪ストーブを設置するならば、自治体への届け出が必要な場合もあるし、サウナを稼働させる前に煙突掃除業者による審査が必要な場合もある。自分の住んでいる自治体の規則を確認してほしい。

計画

たとえ小さいサウナであっても、建てるのには時間がかかる。建築期間は、作り手の経験にもよるが、場所の条件や、作業をしながら子供の面倒を見なければならないか、建材が予定通りに届くかといったことにも左右される。まず自分でどこまでやりたいのか、あるいはできるのかをよく考えてほしい。例えば基礎工事を外注するのは、恥ずかしいことではない。

作業を開始する前に、十分時間をかけて建材を準備することもお勧めだ。中古部品や廃材を見つけて利用することで、費用が節約できる。それでも材木店から、新しい材木を購入する必要はあるだろう。購入を分散させた方が、集中的な出費を避けることができる。重要なのは、全ての建材を様々な気象条件から保護することだ。一番いいのは屋内での保管だが、それが無理なら地面の湿気から守るために、必ず角材の上やパレットに積み重ね、防水シートをかけておこう。ルーフィングシートは立てて保管する。

夏の間にサウナ小屋を建てるのは楽しいものだ。夏季休暇があれば2週間ぐらい連続で作業に集中できるかもしれない。冬の間はサウナ小屋にはめる窓の修復やドアの製作をすればいいだろう。春は、週末を利用して基礎工事や外装パネルの表面加工にあてるといい。そうすれば気温が上がる頃には、もう準備ができている。

記念すべき初入浴の前に、やっておかなければならない工程はたくさんある。適当な中間目標を設定し、達成した都度祝うことを忘れずに！ トッピングアウトパーティー（上棟式）を知っている人も多いだろう。屋根が完成した時の伝統的なお祝いだ。お祝いをする理由は他にもたくさんある。私は北方民族博物館のアーカイブでサウナについて調査をしていた時、例えば「丸太粥」（建材用の木の伐採が完了した時に食べる少々贅沢なお粥）の話や土台酒（基礎工事と1段目の丸太が完成した時のお酒）、小屋梁銚子（壁が完成した時の乾杯）の話を見つけることができた。

そしてなにより、人の手を借りてほしい。一緒に作るのはとても楽しいし、例えば屋根の取り付けやペンキ塗り、あるいはパネルの釘打ちの時など作業内容によっては何人かで一緒に作業した方がいい場合もある。「日曜大工」に友人を招き、昼間に多くの作業を済ませたら、夜は楽しもう！

古い床上設置型のセントラルバキュームクリーナーを転用した湯沸かし器つきのサウナ

Bastuns beståndsdelar
サウナの構成部品

材料および方法

どんな入浴法が好きかにかかわらず、サウナの材料にはぜひ自然素材を使ってほしい。接着剤、塗料、含浸剤に含まれる有害成分が熱と湿気によって蒸発し、どんな健康被害をもたらすか分からない。最も安全なのは圧縮処理材や、表面処理および表面加工された板材を避けることだ。無垢材は強靭で美しく、重厚感と共に古びていく。ベンチや床面が汚れても、軽く研磨すれば新品同様になる。

私たちは建築方法や材料を選択すべき時、このセルフビルドが環境に与える負荷が最小になるように、最大限考慮しなければならない時代に生きている。ミネラルウールやコンクリートを製造する工程は大量のエネルギーを消費し、私たちのウッドデッキパネルへの憧れがもたらすのは森林破壊だ。もしあなたが幸運にも小規模な製材所の近くに住んでいたら、サスティナブルな林業で生産された材木を入手できるかもしれない。このような製材所で販売されている材木は大型ホームセンターで製造されているよりも安価な時もあり、特注サイズの材木を必要とする時には手助けしてくれるのではないだろうか。全てを新しく購入する必要はなく、リサイクルできそうな建材を見つけるのは宝探しのようなものだ。思わぬ場所で発見があったりする。例えば私が最初に作ったサウナの板金屋根は、森の地面に厚く生えた苔の下に埋まっていた。

木

木材は多くの場合松材で、まっすぐなものはほとんどない。木は太陽に向かって伸び、時には湾曲し、ある

いは重い多くの枝を支えるための負荷を受ける。それが伐採され角材、板、厚板とのこぎりで加工される。材木がたわんで曲がってしまうのを避けるには、十分に乾燥させ、定期的に空気を入れ換えることが重要だ。しかしいくら手を尽くしても、材木が曲がってしまうのを避けられないこともある。何を建てるにしろ、材木の性質を理解しながら使うように努力しよう。片方の端から板や角材を目視することによって、曲がっている部分やじゃまな節を発見できるかもしれない。角材の端の方がゆがんでいるかもしれない。短くしても大丈夫なら、私なら切り取ってしまうだろう。例えば根太用の角材が全体的に反ってしまっている場合には、私は床側が盛り上がるように設置する。ひとつにはくぼみのある床よりは小さな出っ張りのある床の上を歩く方が気持ちがいいし、またひとつには水がそのくぼみの中に溜まってしまうのを避けたいからだ。

材木を再利用するにしろ新しく材木店で買ってくるにしろ、仕事を始める前に分類しよう。根太、上枠、柱（P39の用語集を参照）には長くてまっすぐな角材が向いている。曲がった木片は横木（柱と柱の間に入れる水平な板材）、あるいは窓枠の下側の壁を支える間柱として使える。

本書に出てくるサウナは架構式構造であり、中古の角材が見つかったら、正確な寸法を保っている限り再利用できる。耐力壁に使用する角材は最低45×95mmは必要だ（小さな家畜小屋や建物ならもっと細い角材でも大丈夫だが）。

寸法や木の種類にかかわらず、材木の端部（木口）は一番もろい部分だ。樹木は切り倒された後でも毛管作

用によって水分を吸い上げ続けるため、剥き出しで戸外に置かれた材木の端部は腐朽する可能性がある。壁用パネルやフェンス用のくいを長く保持するには端を斜めに切り取っておくのも一方法だ。そうすることで、水が溜まらずに流れていく。何らかの覆いをかぶせたり屋根を作っておいたりするのもいいし、タールやオイルを塗っておくのもいい。

内装パネルやベンチ座面には密度や樹脂含有量が低い種類の木が最も適している。サウナの利用者が蒸気で熱せられた樹脂の塊で火傷をせずに済む。松、ヤマナラシ、ハンノキが一般的だ。熱処理をされたパネルもあり、そういうものは多くの場合暗い色合いになっている。プレナー(表面を滑らかに加工する電動かんな)のかかった超仕上げ加工のパネルは、高価だ。完成品には手間と時間がかかっているのだから。予算の問題から未完成品を使おうと思うなら、内装パネルには片面プレナー仕上げの板(モルダー仕上げを施された材)を使い、座面と背もたれ部分には両面プレナーのかかった、超仕上げ加工の板を組み合わせよう。そうすればサウナの入浴中に、トゲで痛い思いをせずに済むだろう。

断熱材

どうやら建築理論はサウナ利用者の人数と同じくらいあるようだ。断熱材と防水層は重要な分岐点だ。十分に断熱されたサウナ小屋を支持する人もいれば、暖房の効いたテントの中でサウナをすればいいという人もいる。どちらの意見も正しい。断熱されたサウナ小屋を建てるのはけっこう大変だが、暖房効率は断熱されていないテントとは比較にならない。それは断熱されたサウナ小屋はストーブにくべる薪が少なくて済み、火を消してもしばらくは部屋に熱気が残るからだ。もしサウナをゲストルームに使うなら、断熱は特に重要だ。

天然繊維でできた断熱材はある程度の湿気なら処理でき、従来のミネラルウールよりは乾きやすいが、断熱材は全般的に湿気に弱い。断熱材を入れたサウナ小屋を建てるなら、サウナストーンに水をかける時に発生する蒸気や季節によって起きる結露から断熱材を保護するために、何らかの形の防水層は必要だ。

近代まで家屋の断熱材といえばおが屑であり、隙間風の吹き込む丸太の間には苔や古着や新聞などを詰め

てきた。そして家の中でも温かい服を着ていた! 20世紀の前半にミネラルウールが参入し、(断熱に関しては)建築業界を席巻した。これは高温によってガラスや石を溶かして繊維状にしたものだ。ほとんどの作業指示書ではミネラルウールで断熱し、サウナ小屋の内部にフォイル断熱バリア(熱を反射するアルミニウムのコーティングを施したプラスチックフィルムの一種)を貼ることを推奨している。このアイデアはミネラルウールが気密性のある建材の間に密閉されていて、湿気からは守られているという条件の上に成り立っている。胴縁や内装パネルを釘で打ちつける時に穴があいてしまうので、完全には保護されないと思うのだが。

木繊維、亜麻、羊毛やヘンプから出来ている天然繊維の断熱材を使うのも一案だ。このような素材の製造は環境負荷がかなり低い上に、ミネラルウールと比べて断熱効果も優れている。その上作業をしている間、皮膚や喉がちくちくすることもない。天然繊維断熱材によって湿気に対処する場合、ミネラルウールとは異なり排湿外壁構造でなければならない。これは水蒸気が壁を通過することを意味する(ただし空気は通さない)。そのおかげで断熱材に浸透する湿気が乾燥しやすくなる。高気密のフォイル断熱バリアよりも、特殊な紙または織物でできている透湿防水シートの方が断熱材を保護してくれる。

内装パネルの背後に通気層があると流入する湿気を乾かしてくれる。通気層をまったく推奨しないサウナの販売業者もいれば、20mmなら重要だと述べる業者もいる。私は壁には12mmの、天井には24mmの通気層を設けることにしている。もし通気層を広げたいと思うなら、内装パネルを留める胴縁の寸法を大きくすればいい。詳しくは後述する。高気密を選ぶにしろ排湿外壁を選ぶにしろ建物によって、建材がどうなるのか予測はできない。それは単純に、サウナの利用者(そして作り手)の行動が人それぞれであるからだ。サウナの入浴頻度、入浴時に水をかける量と場所、サウナの換気、建築時の取り扱いなどの要因により、発生する湿気の影響を建物がどの程度受けるかに影響が出る。今のところは排湿外壁構造のサウナ建造物がどのくらいの期間維持できるのかといった具体的な研究結果はない。また、よくミネラルウールの断熱材が推奨されているが、それを

2段のサウナベンチ

使ったサウナ小屋にカビが生えたという報告もある。

　個人的には少々の湿気ならびくともしない断熱素材を備えた排湿外壁構造の建物の方が乾燥しやすく、長期的に良好な状態を維持する可能性が高いと考えている。私自身は古紙回収所の新聞を粉砕処理して製造する、スウェーデンのセルロースファイバー断熱材を使って断熱している。内側には透湿防水シートを、外部には排湿防風シートを使うことで、湿気が行き来できるようにし、内装パネルと外装パネル、双方の背後に通気層を設けて乾燥しやすくした。十分な換気により、湿気の大部分は骨組構造に侵入するのではなく、排出されていく。ミネラルウールは天然素材よりも高温に対する耐久性が高いため、煙突が通る部分の周囲などに使うのは適している。

　湿気による家屋の損傷を避けるためのいくつかのヒント：建築前と建築の間、全ての建材と、特に断熱材を乾燥した状態で保管する。外装パネルを取り付けるまで、骨組みを防水シートで覆っておく。透湿防水シートまたはフォイル断熱バリアの継ぎ目を接着する時には養生テープを使うといい。

　サウナ入浴時、壁には直接水をかけないことを習慣にしてほしい。それをすると、骨組み全体に余計な負荷をかけることになる。入浴時と入浴後は湿気を排出するため、換気装置のカバーを開け放しておこう。また何よりも、入浴が終わった時には薪を二本追加しておこう。そうすることで換気が促される上に、サウナ小屋の乾きが進む。

コンクリート

コンクリートはセメント、水、バラスト（砂利）でできている。古代ローマ人は建造物にすでに一種のコンクリートを用いていた。巨大なドームのあるパンテオン神殿は、一種のモニュメントだ。今日コンクリート製造は、建設業にとって最もエネルギーを要する工程であり、大量の電気、水、石炭を消費する。そのためコンクリートは節約しながら使わなければならない。目の粗いセメントに含まれているのは砂利であり、目の細かいセメントに含まれているのは細かい砂だ。目の細かいコンクリートは、例えば屋外キッチンのカウンターを成形するのに使い、目の粗いコンクリートは束石や建物の基礎に使用する。それはサウナ小屋の建築でも同じだ。ホームセンターで水と混ぜるだけの25キロ入りのインスタントセメントが買えるだろう。25キログラムの粉末状インスタントコンクリートで、約13リットルのセメントができる。コンクリート粉末の他、成型を強化する補強鉄筋、使い勝手のよいバケツ、強力なコンクリートミキサーが必要だ。清潔な左官バケツの中に半リットルの水を少しずつ垂らしながら入れて、コンクリートを混合する。コンクリート粉末を少々入れて、「パン種」状になるまで攪拌する。さらにコンクリート粉末を入れ、5〜10分攪拌する。攪拌している間、乾燥させないように注意してほしい。薄いオートミール程度の質感になるまで作業を続け、必要に応じて水を注ぐ。コンクリートが固まることを「焼く」というが、この工程はあまり急いでやってはいけない。成形をしている間にひびが入ってしまう。夏に成形を行う場合、スプレーで水をかけて急速に乾いてしまうのを防ぎ、作業後はゴミ袋やビニールシートをかけておこう。

外装パネル

建物の外壁は、地域によって様々だった。人々が近隣で手に入る材料を使ってきたからだ。住居用にはほとんどの場合、屋外トイレや倉庫よりも上質な外壁を使っていた。ヴェステルボッテン県（スウェーデン北部の地域）にはちょっと豪華に見える、石材ブロックを模したパネルがあり、南部のスコーネ県でよく見られる平屋には周囲の森で伐採されたオーク材やブナ材の幅広い壁板が使われている。今日では外装パネルの品揃えはかなり標準化されていて、伐採されたままの松またはプレナー仕上げの松が主流で、様々な幅と形のものがある。とはいえバリエーションは豊富にある！　大和張り（ボード＆バテンサイディングとも呼ばれている）の壁はスウェーデンでは一般的な製品で、必ず垂直方向に使う。原則として、板を必ず二層で合わせる。一枚目の板、つまり下層側の板を間隔をあけながら並べていき、そこにカバーと呼ばれる上層側の板を打ちつけていく。幅の狭い板であればカバーロッド、幅広い板であればカバーボードと呼び、側にかんなをかけた板またはまっすぐに切られた板を使う。下層側の板同士の間をどれだけあけるかは、カバー側の板の幅による。経験則から言うと、カバー側の端は下層側の板の端と最低1.5cm以上重ねた方がいい。多くの場合このパネルが部屋の角や、ドアや窓の開口部にきちんとはまるように調整して、下層側の板同士の隙間を決める。垂直方向の板は全て、端が建物の骨組みから離れるように軽い傾斜をつけて削り落とす。これはドロップネーサ（droppnäsa）と呼ばれており、このようにすると雨が板の端から吸い上げられることなく、滴り落ちていく。卓上スライド丸のこの刃を15度に傾けることによって、このように切断することができる。ハンドソーを使う場合にはちょうどいい角度を見積もって切断する。唯一の例外はコーナーパネルで、これは接地面とぴったりはまるように端をまっすぐに切断する。

その他のバリエーションはいわゆるZ-パネルだ。このパネルは互いに継ぎ合わせることで一枚板のようになる。シンプルな羽目板のようなものだ。このパネルは水平方向にも垂直方向にも使うことができる。小規模な製材所では時々、「荒野の板」（バラ板）と呼ばれるパネルが手に入る。すなわち様々な幅の、側が削られていない板だ。大和張りの壁のように板の端を重ね合わせて釘で留める。

釘打ちをする前に板の表面加工をするとスムーズであり、賢いやり方だ。もしスラム塗料を塗るなら粗い目の方を外側にした方がいい。そうすると色素がしっかり沈着する。一度塗りでもいいが、できれば設置する前に二度塗りをした方がいい。大和張りの壁を設置する場合は上層側の板を乗せる前に、下層側の板を全部塗ってしまった方がいい。そうすると壁のパネルが自然に伸縮し、塗り残しが目立たなくなる。板に焼きを加える方法を好むなら、p122の説明を参考にしてほしい。

水平方向に Z-パネルを使ったサウナ

スラム塗料

タール硫酸鉄塗料

外壁処理

屋外側の壁の処理とは、パネルを風や日光、雨から保護することだ。スウェーデンではなんのコーティングもされていない何百年も前の木製の外壁がまだ形を保っているのを目にするが、それでも外壁処理をされたパネルの方が長く持つ。外壁を長く保つために最も重要なのは、打ちつける板の品質だ。だが前にも言ったように、外壁はある意味犠牲になる部分であり、役目を終えたら交換せざるを得ない。だが外壁処理を怠ったばかりに、交換時期が早くやってくるのはできれば避けたい。

今日、市場のシェアを占めているのは水性および石油系の塗料だ。このような塗料は密閉性の高い膜を張り戸外の湿気が中に入らないようにするが、木材の中に元々含まれている自然な湿気を閉じこめてしまう。最悪の場合、晴れた日に木材に含まれる水分が蒸発しようとして、外壁に水ぶくれができるリスクがある。これらの塗料が発明される前はかんな仕上げのパネルや様々な木製の部品には亜麻仁油塗料を使い、のこ引きされた木材の表面にはスラム塗料を使うのが一般的だった。どちらも排湿が良く、つまりは湿気が乾燥する可能性が高い。

外壁はいわばそのサウナの顔だ。近隣の建物にパネルの種類や色を揃えてもいいし、パッと華やかに目立ってもいい。私自身は周囲の自然をなによりすばらしい装飾と捉えていて、その中にひっそりとたたずむようなサウナ小屋に目がない。

スラム塗料

スラム塗料は16世紀にはすでに、スカンジナビアで人気が出ていた。ライ麦、水、ファールンの銅山周囲にある鉱さい（鉱物を精錬する際などに生じる、目的成分以外の溶融物質のこと）から採れる色素を独特な赤銅色になるまで煮詰める。この塗料は時と共に、農村でも都会の家々でも一般的に使われるようになった。スラム塗料で塗られた外壁を塗り直す場合木材の表面を削る必要がなく、デッキブラシをかけて、剥がれる部分だけ

亜麻仁油塗料

焼杉

こすり落とせばいい。スラム塗料には赤銅色だけでなく様々な色があり、自分で調合するのが面倒なら大工道具専門店で買える。今回のサウナ建築では、私は黒いスラム塗料を調合してみた。手引きや配合についてはp128を参照してほしい。

コールタール塗料

このタールと硫酸鉄の混合塗料は塗料専門店で買うことができ、膜を張ることなく美しいグレイブラウンの色がつく。この色合いを見ていると、灰色に風化した古い納屋や山小屋を思い出すが、現代の木造家屋にも使える。タールは木材をいろいろな天候や風から保護してくれ、硫酸鉄は藻類が繁殖するのを防いでくれる。その上パネルが美しい灰色になる。

亜麻仁油塗料

亜麻仁油塗料は、世界の中でも私たちの住むスカンジナビアにおいては長い歴史があり、煮立てた亜麻仁油と顔料でできており、時には乾燥剤が入っていることもある。この塗料は木材を完全に覆う塗料の層を作ると同時に、保護する。薄く塗るので、ドア、窓、屋外用家具といったプレナー仕上げの木材製品に一番合う。

焼杉

焼きを入れた外装パネルは日本が発祥であり、私はこの方法を自分の建築に取り入れている。黒い外見をそのまま残すか、または煤同士がよりしっかりと結びつくように、煮立てられた亜麻仁油を重ね塗りする。スカンジナビアではこのように焼きを入れた木材を、木製スティックフェンスなどに用いる。地面に差し込む前に、細い丸太を炭化させる。p122に載っている焼杉の説明を参照してほしい。

ルーフィングシートの屋根

大和葺きの屋根

屋根の素材

屋根は多くの場合、まず全体をカバーする下葺材で保護された、野地板で覆う。下葺材はまさに素地であり、雨への耐久性がある。しかし数ヵ月のうちに太陽の紫外線で壊れてしまう。長く持たせるためには、何か他のもので屋根を葺く必要がある。傾斜の浅い屋根には瓦はあまり向かないが、他にも様々な選択肢がある。

ルーフィングシートを使った屋根

ルーフィングシートを使った屋根は、安価で速やかな解決法だ。

単純に、下葺材を黒、赤、スレートグレー（粘板岩色）のカバールーフィングシートと共に敷設すればことは済む。手順は下葺材と同じだが、野地板まで届くような、長いルーフィング釘が必要だ。ルーフィングシートで葺いた屋根は大体20年持つ。

大和葺きの屋根

このタイプの屋根はゴットランドとゆかりが深いが、スウェーデン全土で見ることができる。この屋根は松の心材を使い、大和張りの壁と同じように、上層側と下層側の板の端同士を重ね合わせて葺いてある。板、またはこのような屋根板には多くの場合雨を地面へと流す溝が刻まれている。屋根板が上質で約5年ごとにタールを塗ってメンテナンスをすれば、25年程度持つ。ひびが入ってしまった板があれば、取り替えればいい。

板金屋根

板金屋根にはラッカーを塗ったもの、波形のガルバリウムやトタンのもの、圧延鋼板で葺いたもの、瓦を模した形状のものなど様々な種類がある。亜鉛メッキ鋼板なら言うことなし！　新品から中古までいろいろな値段の商品が見つかるはずだ。下地が上質で正しく設置されていたら、板金屋根はかなり長い間持つだろう。昔が全て良かったとは言わないが、少なくとも屋根用板金は厚

板金屋根

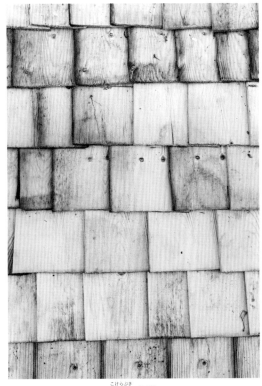
こけらぶき
柿葺の屋根

かった。そのため、個人的には古い屋根用板金の表面が錆びていても、あまり深くまで到達していない限りはあまりに気にならない。屋根用板金はカバールーフ用ビスか、またはネジの頭部の下にゴムのパッキンがついた金属製屋根ネジで留める。このパッキンがネジの頭部からの応力で膨れ上がり、ネジ穴の周囲をぴったり塞ぐ。

柿葺の屋根

このような屋根はウッドシェイクの屋根とも呼ばれ、手割りの板またはかんな仕上げの薄く短い板、つまりこけらの層を積み重ねて作る。スウェーデンではこけらは松の心材かオーク材でできており、多くの場合長く持つようにタールが塗られている。今日ではアカスギのこけらが輸入されており、元々の色合いを保つために油性ニスが塗られている場合もあれば、自然に風化して銀灰色になるように素地のままになっている場合もある。このような屋根の寿命は建物の状態やこけらの品質が深く関わるため、正確に述べることは

難しい。こけらは作るのに時間を要するため、値段は高い。こけらを一枚一枚打ちつけていくため、この屋根を作るにはかなりの時間がかかるだろう。こけらを屋根に打ちつける前に水に浸しておくと、簡単にはひび割れたりしない。

流し桟木と瓦桟木

ルーフィングシートを使った屋根以外は全て、流し桟木と瓦桟木を重ねる。落ち葉や松葉、雨水が屋根の表面に浸入してもひさしの方へと転がり落ちていき、おそらく屋根はまもなく乾いてしまう。屋根葺き材料を瓦桟木に釘かネジで留め、破風板、ケラバ、雨樋で屋根構造を仕上げる。後でさらに詳細を述べる。

ストーンボックスのあるストーブ

ストーブ、煙突、炉壁（炉台）

　古い鋳物製ストーブをサウナで再利用したくなるかも
しれないが、急速な温度上昇に対応できるとは限らな
い。むしろその代わりに本物のサウナストーブを使って
みよう。ストーブにどの程度の熱効率が必要なのかは、
サウナ室の容積も決め手になる。私の建てているサウ
ナは床面積が200×180cmで高さが平均で210cmだ。
つまり容積は8立方メートル足らずということになる。ガ
ラス、石、レンガ、硬質レンガといった硬度の高い冷
たい表面素材の場合には、ストーブのパワーを上げて
補足する必要がある。通常、戸外の空気に触れている
硬く冷たい表面素材を使っている場合、サウナ室を1立
方メートル広くする必要があり、例えば更衣室がサウナ
室の前にある場合には、0.5立方メートル広くする必要
がある。大きなパノラマウィンドウかまたはガラスのドア
がある場合には、どの程度大きなストーブが必要になる
かに関わる。私のサウナ小屋では、ストーブ1台は6〜
12立方メートルに適している。
　ストーブは熱気を与えてくれる他、お湯も提供してく

れる方がいい。貯水槽が内蔵されていたり、煙突に取
り外しのできる貯水設備が設置されているストーブがあ
る。床面積があまりない場合は、便利だろう。ストーブ
で火を焚く時には板金を焦がさないように、貯水設備に
水を満たしておくのを忘れずに。
　ストーンボックスはサウナ浴の決め手となる。ストーン
は、割れたり嫌な匂いを発したりしないものを選ぼう。
その役割は熱を蓄え、輻射熱と蒸気を放出することだ。
海岸でサウナストーン用のきれいな石を集めたくなるか
もしれないが、それはやめた方がいい。熱と水分に影
響されて伸縮し、最悪自分で拾ってきた石が割れて飛び
散ってしまうかもしれない。それよりもサウナの業者から
自然石かまたはセラミックを買う方がいい。中には自然
石の方がそのゴツゴツしていて粗削りな外観から、より
本格的で伝統的なサウナ体験ができるという人もいる。
多くの場合使われているのは古来より存在する、重い
種類の岩である輝緑岩だ。古代の石斧から現代の石像
まで様々な用途に用いられてきている。セラミック製サ
ウナストーンはなめらかで丸い形をしていることが多く、
真っ白なものもある。人によってはサウナ浴をしていて、
よりスパ気分が味わえるという。どんなタイプのストーン
を選ぶにしろ、ストーンボックスに入れる前にきれいにし
よう。特にエッセンシャルオイルを使っている場合など、
サウナストーンは時々交換する必要がある。
　ストーブの下には火花から床を保護する炉台が必要
だ。既製品の金属板も売られているが、板金屋に制作
を頼んでもいいし、手近なくず鉄の中から合うものを探
してもいい。
　ストーブの後ろの壁も遮熱しなければならない。壁と
の間に通気層を設けて、ミネライト（セメント、ミネラル
ファイバー、充填剤で作られたコーティングパネル）や
金属板の炉壁を設置するのもひとつの手だ。ミネライト
の炉壁であれば壁の上端まで設置した上で、煙突の、
サウナ小屋の壁を通る部分とその下の部分が断熱二重
煙突になっていれば十分だ。ストーブ製造者によっては
自社製品のストーブ用の炉壁を販売しているだろう。そ
れを使えば燃えやすい素材とそれほど距離を取らなくて
も済む。そういった炉壁と断熱二重煙突を組み合わせ
れば、それ以上は内壁の保護は必要ないだろう。安全
な距離を保ってさえいれば。

新鮮な空気の吸気口として、隙間のない床にドリルで空けた穴

換気装置

サウナ室の吸気口は、一般的にはできるだけ下の方でストーブの近くに空けることが推奨されている。そうすると、熱効率が最大になる。よく使われているスムーズな解決法は、サウナにすのこ状の低気密の床を敷くことだ。新鮮な空気が流入すると同時に床を洗ったり掃除をしたりした時の水は外に流れていく。隙間のない床を設置した場合は、ストーブの近くに壁に換気装置を取り付けるか、上の写真のようにドリルでいくつか穴をあけるといい。

暖気を外へと追い出す換気装置は、ストーブとは対角線上にある反対側の壁に付けるべきだ。人によっては壁の上の方、屋根のすぐ下に付けるべきだと言い、または下段のベンチの横につけた方が便利だと言う。人によっては変化を付けるために、どちらも設置する。高い位置に換気装置があると、暖気が上っていって、そこから自然に排気される。低い位置についていると、天井に上がった暖気は下に押し戻されて換気装置から排出される。その効果でサウナ室全体が均等な温度にな

る。高い位置にあるとどの段のベンチに座るかで体感がまったく異なるため、子どもがいる人やサウナ浴の間に色々な温度の感覚を楽しみたい人にはその方が都合がいいだろう。換気装置を低い位置に付けるにしても、外壁側の換気装置フードは高い位置に付けた方がいい。そうすると煙突効果が発生して排気された熱気が逆流するリスクを減らすことができる。

サウナ室の換気装置は調整可能で、できるだけ木製のものがいい。簡単なサウナ換気パネルを自作してもいいし、木製の蓋のついたポペット弁を買ってもいい。外部には換気装置のダンパーまたはカバーを設置する。それらには多くの場合、裏側に小さな防虫ネットが付いている。もしなければ、自分で設置してもいい。

ヘルシンキのクルットゥーリサウナのドア

光が射し込む明かり取り

ドアと窓

古い窓を再利用するのは、大きな利点がある。修復するには少々時間がかかるが、古い窓はかなりの高品質で、しかも新品よりもかなり安い。窓は一年を通して、火、水、空気、土といった四大元素全てと向き合い、そして複数の素材が調和する。そのため、木材、ガラス、パテ、タッカーの針間の相互作用がうまく機能するように、窓のかまちには伝統的にまっすぐに育った密度の高い最上質の材木を使う。

適した窓を探す時には、自分にとっては何が大切なのかを考えた方がいい。この本に出てくるサウナはゲストルームも兼ねているので、換気や夜間の新鮮な空気を取り入れるため開閉可能な窓を設置したいと思っている。私はちょうどいいサイズの枠と中桟の窓を探した。手に入れたのはかまちが合わせてあるもの、つまり二つのかまちを蝶番で留めた二重窓だった。この方が一重の窓よりも断熱性がいい。開閉できる窓が必要ないなら、窓の開口部周囲の角材に留めた額縁にシンプルなかまちの窓を二枚はめ込めばいい。

広々とした眺めを楽しめる大きな窓は魅力的かもしれないが、内から外がよく見えるということは、外からも内がよく見えることを考慮した方がいい。さらに、ガラス部品を使えばその分、逃げていく熱をパワーの強いサウナストーブで補う必要がある。煙突、炉壁（炉台）のページにある計算例を参照してほしい。

サウナのドアにはいろいろなものがある。新しいドアを買ったり中古をどこかで見つけたりしてもいいが、もし自作するなら木製か強化ガラスを選ぶといいだろう。合板素材は熱さには強いが湿気に弱く、金属板はサウナの熱の中では命に関わるほど熱くなる。木製のドアを選ぶなら、断熱されていて内側は塗料が塗られていないものを選んだ方がいい。安全性の問題からドアは必ず外開きにすべきだ。ロックケースは必ず取り外す。ドアを閉めたままにしておけるように、自閉式の蝶番とマグネット、またはフリクションステーを付けてもいい。外には森で切ってきた枝や、木を削って作った取っ手を付ければ十分だ。

釘、ネジ、ブラケット

金物店にはありとあらゆる釘やネジが大量にある。何を選ぶかは、あなたがどのようなサイズの材木を選び、どんな環境で大工仕事をするかによる。

釘について一言

- 私の使った最初の釘は、釘頭ががっしりしていて胴部が四角い手作りの品だった。古い材木にそういう釘が刺さっているのを見つけたら、まっすぐに引き抜いてぜひ再利用してほしい。ただし、ぼろぼろに錆びて使い物にならなかったら別だが。床など家屋の目立つ部分にこのような手作りの釘を使うと、一番さまになる。ほんの数本しか手に入らなかった場合には、例えばタオル掛けに使うこともできる。
- 手作りの釘がなければ、多種多様な機械加工の製品がある。最も一般的な種類は丸釘で、外装パネルや骨組など建物を建築する際、ほとんどの部分にこの釘を使う。
- 仕上げ釘は円錐型の釘頭がついた小さな釘だ。屋内の廻り縁やドアのモールディングに用いる。仕上げ釘を打つ時には手元にポンチを置いておくといい。そうすれば壁にハンマーの痕を付けることなく釘を打ち込むことができる。
- ルーフィング釘は大きく平たい釘頭を持つ釘で、ルーフィングフェルトに使う。その他、木ネジ、カバールーフ用ビス、丸鋲（nubb）などがある。だがそれはまた別の話だ。
- 経験則としては、しっかり打ち込むには釘の長さが打ち込む対象物の3倍あるといい。例えば20mm厚さの垣根用板には、60mm長さの釘が必要だ。
- 釘はネジより安いが、再利用は難しい。
- 時にはノミの市で一缶の釘が見つかったり、物置の棚で見つかったりする。そうした場合は外見の光っている釘を屋内に、マット加工の釘を屋外に使うと考えてほしい。

ネジについて一言

- スウェーデンの最古のネジはマイナスネジで、頭部にまっすぐ一本のネジ穴がある。今日ではトルクスネジとプラスネジが一般的で、建物のどんな場所にも使える。
- 円錐型の頭部がついたネジは材木の表面にドリルのように穴をあけながら押し込んでいく。このような頭部を皿頭という。丸みを帯びた頭部をしたものは丸頭と呼ぶ。金属製屋根ネジは頭部の下にゴムのパッキンが付いていて、板金の屋根に用いる。
- ネジの長さは、留める対象物の厚みの2倍がちょうどいい。厚さ20mmの額縁には40mmのネジが必要だ。
- ネジにはいろいろな耐食性のクラスがあり、どのような気候に耐えられるかを示す。屋外に置く物には必ずC4を使うことを勧める。プールを作ったり潮風の当たる場所に何かを作ったりするような場合にはC5を選ぶ必要がある。
- ネジは釘よりも高価だが、折れたり壁に塗り込められたりしていない限り、再利用しやすい。
- 例えば額縁の端など割れやすい素材や繊細な部分には下穴をあけておいた方がいい。下穴の直径はネジの直径よりも1〜2mm細くする。

留め金具について一言

- 建材店には様々な目的に合わせた、ありとあらゆる種類の実用的な留め金具が揃っている。サウナにまず必要なのは、亜鉛メッキ鋼材でできた丈夫な建築金物だ。
- 留め金具がきちんと機能するには、自分が建てるものと寸法が合っていて、正しく留められていなければならない。
- L型ブラケットと穴あきバンドは、例えばアンカーボルトで留める留め金具である。鋼製束は、できれば本体が頑丈で六角頭を持つ六角コーチスクリューで留めること。
- 留め金具には、必ずメーカーが示す本数のネジを使うこと。通常はホームセンターのホームページに載っている。
- L型ブラケットは補強として中央が盛り上がったものを選ぶこともできる。サウナやその他のDIYプロジェクトではこのようなL型ブラケットを選んだ方がいい。補強のないものは内装の作業で役に立つ。
- 梁受け金物は例えば土台を横切る縦方向の角材を留める時に使い勝手のいい留め金具だ。本書のサウナ小屋では、大引きに根太を留めるのに使っている。

Verktygslådan

<u>工具箱</u>

サウナを建てるのに必要なもの

建築は正しい工具があれば面白いし、楽になる。もうあなたの工具箱の中に入っているものもあるだろうし、他のものは誰かに借りてもいいだろう。大型機械を貸してくれるホームセンターもある。この先も大工仕事を続けられるように、自分の工具にお金をかけて揃えたいの ではないだろうか？　その場合もとりあえずは誰かに借りるかレンタルしてみるといい。そうすればどのようなモデルが自分に合うか分かるだろう。ここにあるのは、作業の間に必要になる工具のリストだ。

――――――――――――――――――――

手回り工具

❑ メジャー
❑ 折り尺
❑ 削った鉛筆
❑ モーラナイフ
❑ ハンドソー
❑ スコヤ
❑ スライディングTベベルなどの
　　角度測定ツール
❑ ハンマー
❑ ポンチ
❑ ラチェットバークランプ　二本
❑ ドライバービットセット
❑ カッターナイフ
❑ 水平器（レベルボックス）
❑ レンチセットまたは
　　コンビネーションレンチ
❑ 金切りばさみ
❑ 丁番ドクター
❑ 強力ニッパー
❑ 断熱材カットソー
❑ 作業用手袋、防音用イヤーマフ、
　　プロテクトゴーグル

工作機械

❑ ドライバドリル
❑ スタンド付きの
　　卓上スライド丸のこ
❑ ジグソー
❑ システムバークランプ付きの
　　丸のこ
❑ クロスラインレーザー
❑ コンクリートハンドミキサー
❑ ロックドリル
❑ ディスクグラインダーと切断砥石
❑ ヒートガン

その他

❑ ソーホース
❑ 安定のいいはしご
❑ 救急セット
❑ 屋外用延長コード
❑ こて
❑ 左官バケツ
❑ 防水シート
❑ スコップ
❑ 一輪車
❑ サンディングブロック

窓の修復用工具

❑ ガラスカッター
❑ 蹄鉄工用プライヤー
❑ トンカチ槌
❑ 様々な形状のスクレイパー
❑ ヘラ
❑ 窓用タッカー針
❑ 替刃式スクレイパー
❑ 油性マーカー
❑ 直線定規
❑ スピードヒーターまたは
　　ヒートガン
❑ ランダムサンダー
❑ 筆や刷毛など

Lilla snickarskolan

大工仕事を学びたい人のために

ヒントとコツ

作業がスムーズに素早く進むようにするには、慣れておいた方がいい工具や手法がいくつかある。それ以外にも多くの大工仕事のコツがあり、各章でできるだけ詳細に説明している。やがては自分に合った独自のやり方や一番使いやすい工具が分かってくるだろう。そのやり方がどんな説明書よりも優れている。この章の最後には、この後の各章で使う用語と説明のリストを掲載した。

手回り工具

大型機械がなくても、ほとんどなんでも作れる! 釘を打ち、ハンドソーで板を切ってサウナを作りたければやってみればいい。成功の鍵は研ぎ澄まされた機能的で、使いやすい工具だ。ここでは大工仕事の中で何度も出てくる作業のアイデアを紹介しよう。

計測とマーキング

折り尺、メジャー、きちんと削った鉛筆は多くの大工仕事の中で用いる中心的な工具だ。折り尺をすぐ手に取れるところに置いておくことに慣れたら、それが作業着の折り尺用ポケットに入っていないとなんだか丸腰になったように感じるだろう。少なくとも私はそうだ。サウナ小屋の建築には家具を製作する時ほどの正確さは求められないが、丁寧に計測しマークを付けることは重要だ。折り尺にはいろいろなバージョンがあり、私はできるだけ両側にセンチメートルの目盛りが付いているのを使うようにしている(実際にはメートルスティックと呼ばれている)。折り尺が壊れず、両端の金具がきちんと付いているなら木製でもプラスチック製でも構わない。もっと長い寸法や対角線を計測するには5メートルメジャーが必要だ。

鉛筆を頻繁に削るのを忘れないでほしい。折り尺に合わせて線を引く時には鉛筆の先が折り尺にぴったり沿うように斜めに持つ。鉛筆をまっすぐに持つと、測りたい寸法から線が何ミリかずれてしまう。

対角線

骨組みは多くの正方形と長方形で構成されている。サウナの耐久性のためにも作業の全段階を容易にするためにも(各板が)直角に交わっていなければならない。それを確認するのに簡単な方法は、対角線を確認することだ。単純に、例えば対角にある通し柱同士の間の斜め線を測る。建物の形が四角形で四隅の角がそれぞれ90度であれば、対角線の寸法はミリ単位で正確に合う。合わなかったら? まったく問題ない。対角線の寸法が長い方の隅を中央に向かって叩き、もう一度測ればいい。床や壁の枠組みを作った時に調整するのが一番簡単だ。すでに壁板を全部ネジで留めてしまっていたら、片側の柱のネジを外してから叩く。

釘打ち

ハンマーはあなたの一番大切な工具になるだろう。柄が衝撃を吸収し、手に合った握っていて気持ちのいいものを選ぼう。ハンマーには様々な重さのクラスがあり、自分にとって軽すぎても重すぎても良くない(私には16オンスまたは450グラムがちょうどいい)。

釘打ちの時にはハンマーの柄のできるだけ端を持ち、ハンマー自体の重さをうまく使うようにする。勢いをつけて打ち込めるように、肘と手首の両方を使うようにしよう。

そうすることで振動は腕ではなく柄に伝わる。どんな大工でも釘を曲げてしまうことはある。時にはまっすぐに戻して正しい方向に打ち込める時もあるが、そうでなければハンマー頭部の後ろ側にある釘抜きで釘を抜いて、新しいのを打ち込めばいい。

ハンドソーでまっすぐカットする

よく研ぎ澄まされたハンドソー（手びきのこ）はすばらしいのこぎりだ。1インチに最低八本は刃のあるものを選ぼう。この寸法は TPI（teeth per inch）と呼ばれており、通常鋸刃（ブレード）の部分に印刷されている。ハンドソーは45度の角度で持って、切るのが一番使いやすい（日本ののこぎりでは、30〜40°の角度が一番いいと言われている）。片方の手でハンドソーをしっかり握り、もう片方の手であなたがカットする部分を持つ。必要に応じて板を片膝に乗せるか、シャコ万力で留める。私は通常親指を折って、拳を使ってハンドソーの支えにする。ハンドソーの刃は少々外側へ傾いているので、切り口がブレードよりも多少広くなる。そのため、先に引いておいた線の正しい側を切ることが重要だ。切り終わった後には、引いた線が残っていなければならない。

作業を全てハンドソーでやりたいなら、切り口がまっすぐであることが重要だ。正確な方法としては、目の前にある線に沿って切っていくことだ。簡単に聞こえるだろうが、それができるようになるには多少の熟考と練習が必要だ。角材の上に一本線を引き、スコヤを使って、それを両側面から裏面へと伸ばしていく。角材を一枚の板かソーホース（馬脚）に留め、片膝で押さえる。今あなたの目の前には角材の表面に引かれた一本線が見えるだろう。手近な上端からのこぎり引きを始めよう。ハンドソーの刃がどちらの面の線にも沿っているように注意してほしい。線に沿って切り終えたら、作業をやめる。角材のもう一方の側で、膝で押さえて同じ作業をする。線の最後まで切り終えたら、角材の中央には小さな盛り上がった傷が残っている。床と平行にハンドソーを進めて、取ってしまおう。

四隅の角度が直角かどうか、対角線を使って確認する

印を付ける時には鉛筆を傾けよう

まっすぐ入っていくように釘を見る

ジグソーで曲線に切り抜く

工作機械

　一般的な工作機械がいくつかあれば、作業が容易になる上、全体的にスピードが上がる。全てを買い揃える必要はない。けっこうどこかで借りられたり、有料でレンタルできたりするものだ。工作機械を使う時に最も気をつけなければならないのは安全性だ。マニュアルをよく読み、お酒を飲んでいたり、疲れていたり、種類によるが薬を飲んだ時には使わないように。防音用イヤーマフ、プロテクトゴーグルを付けるのを忘れず、救急セットを近くに置いておこう。

ドライバドリル

　充電式のドライバドリルはネジを締めたり木材、金属、プラスチックや石膏に穴をあけたりするのに使う。ドライバドリルにはたくさんのモデルがあり、多くの場合バッテリーの容量やトルク（物体を回転させる力）が値段に反映されている。サウナ小屋の建築には強力で丈夫なドライバドリルがあると便利だ。できれば18Vの電池電圧の機種を選ぼう。ほとんどの場合ドライバドリルのト

ルクはニュートンメートル、Nmで表示されているがこの単位では、私は分かりづらいと思う。

仕様

　ほとんどのドライバドリルにはスイッチと正逆転ボタンの他2段階のシフトノブがついている。1速は遅く（Law）で2速は速く（High）だ。一般的に1速はコントロールしやすくネジを締めるのに適していて、2速は穴をあけたり、間違って留めてしまったネジを外したりする時に使う。

　ドライバドリルは多くの場合、ネジ締めモードと穿孔モードを選ぶことができる。穿孔モードではパワーがなくともチャック（スリーブ）が回転するため、金属や材木に穴をあける時などに適しており、ネジ締めモードは長いネジを締めるのに必要なパワーを出してくれる。実際、穿孔モードの2速には、長くて頑丈なネジを締めるのに必要なパワーがある。

　クラッチダイヤルはチャックのそばに付いていることもあれば、ドライバドリルの下にハンドルが付いているこ

ともある。ダイヤルの数字はネジを締める時の回転の強度を示す。壊れやすい素材にネジを留める時にはダイヤルを低い数字に合わせる。とはいえ建築関係では低い数字のパワーを使うことはほとんどないが。

付属部品

ネジを締める時にはネジに合うビット（先端工具）が必要だ（どんな種類が合うかは通常パッケージに載っている）。それに加えてビットホルダーがいる。金属に穴をあける時には金属用ビットを使う。二枚の刃の間に尖った突起部分がある木工用ビットとは異なり、円錐形の頭部をしている。ビットホルダーとビットを交換する時には、私はチャック部分を片手でしっかりと支え、もう一方の手でドライバドリルを逆回転（左回り）に作動させる。そうするとチャックが緩む。それからビットを親指と人差し指でつまみ、残りの指はチャックを握っている。ドライバドリルの前面が回る（右回り）時にはチャックがすでにビットを締め付けている。けがをしないように気をつけながらスイッチを入れて、手動で引っ込める。

例えば横木をはめ込む時のように、ネジがまっすぐに入れられない時もある。そのような時には斜め打ちといって、意図的にネジを斜めに留める。初めはネジを留めたい場所に垂直に1〜1.5cmほど回し入れていく。その後手でネジを傾けて、必要な分斜めに回し入れる。ネジの頭部が木材に十分入っているかどうかを注意する。

エラーの対処

もしドライバドリルが扱いづらくネジ留めがうまくいかない場合、以下の方法でエラーがないかどうか試してみてほしい。

- バッテリーの充電が切れかけていないか確認する
- クラッチダイヤルを回し、パワーを最大まで上げる。
- ドライバドリルがネジ締めモードになっているかどうか確認する
- シフトノブを2速に入れて、もっとパワーが出るかどうか試してみる

注意

ドライバドリルを使ってネジを締めている時には手袋を使ってはならない。布がネジに絡まり、指先が挟まれ

る可能性がある。長い髪は回転部に巻き込まれる可能性があるので、手元にヘアゴムを置いておこう。壁から抜いたばかりのネジは摩擦で熱くなっているため、地面に落とし、後で拾えばいい。

ジグソー

ジグソーには充電式とコード式がある。小さな刃が上下することでカットしていくが、一般的に切り口が多少粗くなる。木材、石膏、プラスチック、ある程度薄い金属や細かい鋼鉄を、まっすぐまたは曲線で切断することができる。この機器をよく使って作業をするなら高価なモデルの方が振動が少ないため、使い勝手がいいだろう。

仕様

ジグソーはオンオフスイッチの他、ほとんどの場合調整レバーで0〜3までモードを変えられる。これがブレードのオービタル機能（ブレードが上下すると同時に前後に動く機能）を決める。0はオービタル機能が作動せずブレードが上下に動くのみだ。このモードでは切り口がきれいだが切断速度は遅い。調整レバーが3の位置では上下と共に前後運動が一番大きくなり、切り口が粗くけば立ちが出るが作業を素早く行う。ジグソーがブレードを引き上げるため、下側の方が、切り口がきれいだ。ジグソーの場合、建材の後ろ側から線を引いて、ノコギリ引きをした方が、表側がきれいな切り口になる。

付属部品

様々な用途のジグソーがある。長短の山がある頑丈な刃は粗めの切り口に、細いブレードは曲線を付けて切断するのに向いており、目の細かい刃は金属やプラスチックの切断に向いている。最近のモデルのジグソーは刃を外すのにボタンを押すかツールオープナーを押し開くだけで十分だが、古いモデルでは専用の工具が必要になる。T型とU型の二つの一般的なアタッチメントがあり、新しいのを購入するために金物店に行く時には古い刃を持っていくといい。曲がって焼けてしまった刃を交換しよう。繊細で細かいものを切る時には鋭利な刃を使うように注意する。

エラーの対処

ジグソーは使いやすい上、調整するモードがわずかなためあまり失敗はない。ソール、つまり建材に密着する面が、建材の継ぎ目に引っかかる場合には少々持ち上げる必要がある。ジグソーでは墨線に沿ってまっすぐに切ることが難しいが、補助スタンドが助けになるだろう。先に墨線を引いておいて、それに従って切る。その後ジグソーの刃からソールの端までの長さを計測する。先ほど引いた線と同じ距離の部分に、長いまっすぐな板か定規を固定する。ジグソーのソールの端を補助スタンドに密着させながら切っていく。

注意

長い髪はまとめる。切る時には、建材の切り落とす部分が作業台の外に出ているように注意し、下にある建材を切らないように時々確認する。マシンの振動が強い場合、一定の割合で十分に休憩を取るようにする。ジグソーの刃こぼれを防ぐため、マシンが十分に稼働してから切り始める。

卓上スライド丸のこ

スタンド付きの卓上スライド丸のこは角材や板をまっすぐ正確にカットし、さらにチップソー（丸のこの刃）のアームの角度を変えたり、刃を傾けたりすることで、傾斜を付けてパネルを切ったり、斜めに切った巾木を合わせたりできる。卓上スライド丸のこは大型の建設プロジェクトに役立つが、最も場所を取る機械でもある。一番安い類似モデルにはスライドバーが付いていないため、刃を引き抜くことができない。小規模な大工仕事には使えるが、角材やがっしりした丸太に使えるとは限らない。私のお勧めは補助スタンドが付いていて、また厚みのある材木もカットできる、最低二つスライドバーの付いている上等な卓上スライド丸のこを、作業を始める日にレンタルすることだ。そうすればお金も置き場所も節約できる。研磨したばかりの刃があるかどうかを確認しよう。その方が安全に楽しく作業ができる。

仕様

卓上スライド丸のこはたいてい二段階で始動する。最初のスイッチでブレードの保護カバーがはね上がり、次

のスイッチで稼働する。建材に刃を乗せる前に始動させよう。ブレードを一番下まで下げ、できるだけ手前に引く。始動スイッチから手を離しブレードを上げると、ブレードの保護カバーが降りる。

多くの場合調整可能な固定ピンがあり、多くの木片を希望の深さまで切る時に便利だ。ターンテーブルは様々な角度に変えられるため、例えば外部および内装パネルを屋根の角度に合わせる時に便利だ。刃を寝かせることもできるため、外装パネルの端をドロップネーサの形（斜め）に切断することもできる。また後の章で説明する。

このような強力なのこぎりの機械を使う場合、自分が切断する木材から目を離さないことが重要だ。刃はターンテーブルと補助スタンドに押しつけられているので、角材がバナナのように曲がっている時は、曲がった部分を最初から補助スタンドに密着させておくことが重要だ。そうでないとのこ刃が引っかかって跳ね上がってしまう可能性がある。

付属部品

細かい目から粗い目の切り口用まで、様々なサイズの山の替え刃がある。最も重要なのは刃が鋭く研ぎ澄まされていることだ。建材を留めるクランプが二つ付いている場合もある。ダストノズルのそばに取り付けるダストバッグが付いている機械もある。屋内で作業をするなら合った方が便利だ。

引き出し式の延長アームがついた丸のこスタンドは丸のこのレールの役割を果たし、切断する材木を支える。アームの先端に高さの調整ができる補助ローラーが装着されているかどうかを確認しよう。これがあると木材を平らに置くことができる。同じ長さの板を複数切り出したい時にも留め具として役に立つ。

スタンドが手に入らない時には長い作業台を使ってもいい。クランプをかけるかネジ留めをして卓上スライド丸のこを固定する。ターンテーブルの高さを計測し、木製ブロックを同じ高さに積み重ね、丸のこの両サイドにネジ止めする。そうすると長い角材や板を支えてくれる。

エラーの対処

角度90度（まっすぐな状態）で設定しても丸のこが動かない場合。電源を抜いてターンテーブルと補助スタ

スタンドに乗った卓上スライド丸のこ

線の正しい側を切る

ンドのまわりを掃除しよう。削りくずのせいで止まることもある。同様に可動部分を全てきれいにした方がいい。ほこりや汚れがあると丸のこが正しく動かないことがあり、そうなると切断面が少々ゆがんでしまう。補助スタンドを調整する必要があるのかもしれない。のこ刃を外して電源コードを抜き、補助スタンドに対する位置をスコヤで確認しよう。ほとんどの場合補助スタンドは六角レンチで緩むので、角度を変えることができる。調整して固く締めよう。

　丸のこが最後まで進まない？　固定ピンが全て外れていて、のこ刃とスライドバーが引っかからずに動くかどうかを確認しよう。材木が堅すぎて、丸のこの馬力を超えてしまうこともある。その場合は、切断部分をひっくり返し別の方向から切っていこう。

注意

　機械にはさまりそうなひらひらした服やアクセサリーは避けること。切っていく対象物を常に押さえていよう。ただし、のこ刃に手を近づけてはならない。ほんの少し建材を切るだけなら、少なくとも20cmは離して押さえる。それができない場合、クランプで木材を留める。防

音用イヤーマフを使い、切っている木材に集中しよう。休憩する時には、誰かがいたずらしないように必ず丸のこのコンセントを抜く。

ガイドレール付きプランジ丸のこ

　ガイドレール付きプランジ丸のこは長い板を縦方向に（木目に沿って）切っていく時や桁をはめ込む時のように正確に切ることが必要な場合に、力を発揮する。この名前はのこぎりが建材の中に沈んでいくことが由来だ（スウェーデン語では SÄNKSÅG といい、沈むのこぎりという意味になる）。例えば調理台にシンクをはめ込む時に使う。ガイドレール付きプランジ丸のこが手に入りづらい場合は、補助スタンド付きの丸のこが代わりになる。その場合、補助スタンドを連結する時には丸のこの底部の端から刃までの距離を計測する。

仕様

　卓上スライド丸のこと同様に、プランジ丸のこも2段階スタートだ。最初のレバーで刃が降り、次のレバーで稼働する。底面のそばに二つのダイヤルが付いているモデルもあれば、二つの固定ピンが付いているモデル

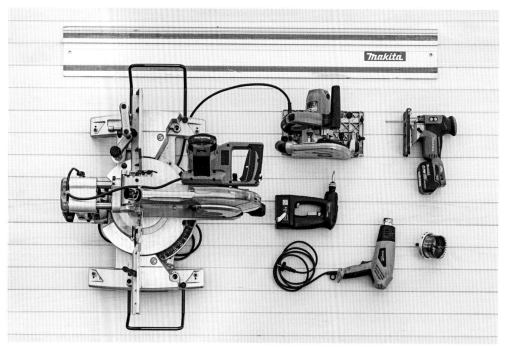

建築が楽になるいろいろな機械

もあり、レバーの場合はそれを下ろすことで、のこ刃に傾斜がつくように調整できる。

また別の仕掛けは、のこ刃を様々な深さに設定できることだ。丸のこが引っかかってキックバックするのを避けられるように、建材を切り始める前に丸のこがフルパワーで作動するかどうかを確認しよう。私がプランジ丸のこでカットする時に好んで使っているのは、かなり目の細かいのこ刃だ。切断面がなめらかで正確になる。垂直方向の面、例えば釘打ちされた外装パネルの端部をなめらかにカットしたい場合に、壁に先に穴をあけて、ガイドレールをネジ留めすればいい。

付属部品

プランジ丸のこには多くの場合、必要に応じて一本または二本のガイドレールを接続できる。オプションで付けられるクランプをレールにはめて使用することで、作業の間、建材や丸のこがずれないようにできる。中には板の端部に沿って切断していけるように、取り外し可能な補助スタンドがついているプランジ丸のこもある。ダストノズルには建築用掃除機を取り付けることもでき

るし、ダストバッグをはめてもいい。

エラーの対処

プランジ丸のこは操作が簡単で正確に切ることができ、失敗することはめったにない。のこ刃の深さを設定する時にはレールの厚みを計算に入れよう。切断面がけば立っていたら、それはのこ刃が鈍っているか使っている種類を間違っているかのどちらかを意味する。例えば積層板用の特殊なのこ刃もある。切断する箇所に先にガムテープを貼っておくと、役に立つ場合もある。

注意

作業中は電源コードがプランジ丸のこの後ろ側にあるようにし、絡まり合っている延長コードはほどいておく。プランジ丸のこを使う時は作業台の上に何か、交差して重ねた何枚かのラス板かベニヤ板など傷がついても構わない下敷きを置くようにすることも重要だ。のこ刃の位置をあまり深く設定しないようにし、刃がネジや釘にくい込むことがないように注意する。

Ordlista

用語集

サウナ作りを志す人のための専門用語

補助スタンド−まっすぐにのこぎり引きをしたりプレナーをかける時のスタンド。

C/C −中心から中心。骨組みの柱または根太の角材間の距離を示す。中心から中心を計測するよりは根元側端部同士の間を計測し、同じ寸法を得る方が簡単だ。c/cを用いると二本の垂直方向の角材間の距離は55.5cmになり、断熱ボードの標準幅と合う。

本実加工の羽目板のオスさね−製材の、プレナーをかけられ研磨された突起部分で、凹部分にはまる。

横びき−繊維を横切ってのこぎりびきで切ること。

たて引き−繊維に沿って切っていくこと。

横木／横木のはめ込み−二本の柱の間を横切る短い角材。

対角線−構造が直角に交わっているかどうかを確認する方法。

密着−二枚の同じ高さの物体が隣接して並ぶこと。

垂直−鉛直、直立と同じ。水平器または下げ振り錘で確認する。

ラス板−薄く幅の狭い材木。外装パネルと骨組みの間に通気層として距離をあける胴縁として使ったり、屋根の桟木として使う。

本実加工の羽目板のメスさね−製材の、プレナーをかけられ研磨された凹の部分。床材などに用いる。

ネジの斜め打ち−意図的にネジを斜めに留めること。

骨組み−家屋の骨組み自体。

はすかい−壁を補剛し支持する斜めに渡した板。

桟−材木を保存する時に間に入れる、短いラス板、またはその他の薄い板。材木の間を空気が通過するのでかびや藻類が生えるのを防ぐ。

直角をなす−二つの部分を90度の角度で接合する時に使う言葉。スコヤか、対角線を利用して確認する。

排湿構造−湿気が通過する素材の性質。透湿防水シートや天然繊維断熱材など。

柱−直立している角材や壁を支える垂直の角材の呼称。

下枠−ログハウスの壁部分の一番下にあるログや、骨組みの一番下の角材の呼称。
＊ログハウスの場合はシルプレートという

上枠−現代の骨組みでは上枠は柱の上に乗っている水平な板。

水平−または平坦。水平器で確認する。

BYGGSTART

建築スタート

薪ストーブのサウナ小屋を建てるためのステップ・バイ・ステップ

Bastuprojektet
サウナ小屋プロジェクト

サウナ小屋建築のケーススタディー

私が今建てようとしているサウナ小屋は、4〜5人向きだ。屋根は片流れ屋根と呼ばれる形で、古いダベンポートデスクのように屋根が一方に傾斜している。傾斜角度は6度で比較的緩く、冬の天候があまり厳しくない降雪の少ない地域に適している（降雪の多い地域に住んでいるなら、壁の頂点の位置を高くし、傾斜をもっときつくする）。

雨は雨樋を流れて樽に溜まるようにする。低気密性の床にして新鮮な空気を入れ、排水を良くする。煙突には貯水槽が備わっていて、水が煙によって温められる。熱気は木製の換気パネルがついた排水用換気扇から外へ出ていく。ドアは自作し窓は中古品を修復したものだ。このサウナ小屋の中には石けんやマッチを置ける、棚を作り付けにしておく。ベンチは必要に応じて100×200cmの寝台にできるように、上側を取り外し、並べて置けるようにする。

本書のこの部分では、ある程度時系列で建築工程をひとつずつ説明していく。どの段階も必要な工具のリストで始まり、その次に材木リスト（切断する材木とその長さのリスト）がくる。建築の間この本を手近に置いて、項目毎にチェックしていってもいい。本書の最後には、このサウナ小屋を建てるのに必要な建材が全て載っている総合リストがある。建築計画を立てる時に見てほしい。

作業工程によっては順番を変えてもいい（いろいろな章に選択肢の提案を載せておいた）。設計図はあなたの構想によって変更可能だ。更衣室を付けたいかもしれないし壁の一面には大きな窓を付けたいと思うかもしれない。または単純に、構造自体を鏡映反転させ、ドアが逆の面にくるようにしたいかもしれない。もしもっと大きなサウナ小屋を建てたいなら、各柱の中心同士の距離（c/c）を60cmにすることを覚えておこう。その間の壁に使うのは、多くの場合45×70mmの角材で十分だ。

熱気浴の合間に外気浴をするのは、「ととのう」ための重要な原則だ。場所に余裕があるならサウナ小屋の外に休憩用の小さなバルコニーを付けることを考えてほしい。もし付けられるなら、どの方向に向かって付けるかも大事な要素だ。場所がなければ入口の前に幅広で踏み面に奥行きのある階段を設置するだけでもいい。薪ストーブのサウナ小屋を建てるなら、入浴中にすぐに薪を手に取れるようにどこに積み重ねておくかも考える必要がある。

自分の構想にあった建築に関わる建築届けと建築許可について調べ、基礎工事について専門家に相談しよう。

作業用手袋、防音用イヤーマフ、プロテクトゴーグルは建築の間中、使うことになる。機械工具を使う時には安全を考え、常に救急箱を近くに置いておこう。

Gjuta grunden
基礎を成形する

安定したサウナ小屋を建てるために

サウナ小屋やその他小さな建物の基礎は、これを題材に何冊も本がかけるほど重要だ。簡潔に言えば基礎の役割とは、安定していて水平な、家屋の土台となることだ。地面の湿気を乾燥させ、植物が生えるのを防ぐため、床下は通風を良くする。

どんな基礎が合うかは土地のロケーションや、地面の条件による。後者は判断が難しいこともある。あなたの地域にいる隣人や職人に、彼らが家を建てた時の経験を聞いてみるといいだろう。複雑な基礎を造る必要がある時や自分で造るのが不安な場合は、専門家に依頼した方がいい。

前にも述べたように、家屋の建築をするなら平坦な土地が向いている。しかし場合によってはそうはいかないこともあるだろう。私が建てているサウナ小屋は山の斜面にあるので、経験豊かなコンクリート成形専門の職人の手を借りた。

この段階では二人いた方がいい。ここでは二種類の束石基礎の説明をする。三つめの選択肢はジャッキベースだが、私はこの方法は試したことがない。

掘削と基礎成型

きれいに芝生が植わった平らな土地があるなら、ボーリングをして成型した、コンクリートの束石を入れるのがいい方法だ。大きなコンクリートミキサーは必要ないが、電動のコンクリートハンドミキサーは役に立つ。レンタル用もある。調整可能な鋼製束にお金をかけるのもいいだろう。それがあれば、束石間のわずかな高低差は補正できる。ホームセンターには通常、既製品のコンクリート束石が売っている。利点は自分でコンクリートを混合したり補強鉄筋を切断したりしないで済むことだ。難点は重いことで、加えて正しい高さに据え付けるまでに穴から出し入れしなければならないことだ。だから私は、束石を自作することを勧める。

必要な建材と工具

❏ 粗いコンクリート
❏ お湯
❏ 30〜40cm胴縁八本
❏ 紙製のコンクリート供試体成形型枠 直径最低20cm
❏ 補強鉄筋 8mm
❏ エナメル線
❏ ステンレス軸細コーススレッド 4.2×42mm
❏ 鋼製束四本、98〜105mm 大引きのサイズによる
❏ 清潔な左官バケツ 二個
❏ コンクリートハンドミキサー
❏ こて
❏ 防水シート
❏ ドライバドリル、ビット、ビットホルダー
❏ 水平器
❏ メジャー 5メートル
❏ ディスクグラインダー
❏ スコップと一輪車

1日目

サウナ小屋の場所は決まっただろうか。次に、湿気を呼び込んだりしてこの先悩みの種になりそうな芝生やその他の植物は掘り返し、取り除く必要がある。最初の工程は一輪車を押して一番いいスコップを出してくることだ。建築場所よりも広い面積を掘り返す必要がある。本書の場合は約3×3mだ。

枠組みを作成する

板で内寸200×200cmの枠組みを釘打ちする。対角線を用いて、枠組みの四隅が直角になっているかどうかを確認する。四隅のそれぞれに短い板きれを斜めに留めて、枠組みを固定する。この枠を使って、自分のサウナ小屋の配置を調整すればいい。

掘削＆穴底の仕掛け

建築予定地の四隅に直径約60cmの穴を、同じ深さで掘ろう。凍結融解作用による束石のずれ、つまり何度か厳しい冬を越したら束石がずれていたという事態を避けるため、穴に水が溜まらないような仕掛けを施す必要がある。穴底に小さい防水シートを敷き、スコップ数杯の砂利を入れる。この砂利の層が10cmの厚みになるようにし、砂利が安定するまで十分に足で踏む。少々のコンクリートをオートミールと同程度の質感になるように、均等に攪拌する。砂利の上にコンクリートを少し流す。これが束石を載せる土台になる。

コンクリート供試体成形型枠と補強

側（そば）を上にして渡した板と水平器を使えば、高低差を調べてコンクリート供試体成形型枠を正確な高さに切断できる。選択肢として成形型枠を高くしておいて、レベル用水糸と水平器を使って最終的な高さを決めてもいい。どちらにしてもコンクリートを入れる前に成形型枠を切っておくのはいい考えだ。

束石ひとつに対し切断した補強鉄筋を四本使う。長さはコンクリート供試体成形型枠よりも10cm短くする。成形型枠と補強鉄筋の間は3cm以上開いていなければならない。そうでないと補強鉄筋が錆（さび）でぼろぼろになる可能性がある。切り取った成形型枠を使い補強鉄筋が中心にくるように調整し、砂利の上に流したコンクリート

が固くなる前に、その中に補強鉄筋を強く押しつけ上の方をエナメル線で縛る。そのまま一晩、コンクリートが固くなるまで放っておく。

2日目

コンクリート供試体成形型枠を設置し、補強鉄筋が中心に入っているかどうかを確認する。水平器で成形型枠を丁寧に調整し、砂利と土を成形型枠の周りに詰めていく。板の小片を八枚切り出し、各成形型枠の上に二枚ずつ乗せる。中心に入っているかどうかを注意しながら鋼製束を成形型枠上にある二枚の小さな板の間に入れる。ベースプレートは成形型枠内のコンクリート面に置き、上部プレートは二枚の板に挟まれて上に突き出ている。

コンクリートの攪拌＆成形

次はわずかな量ずつ、一回に左官バケツ約3分の1の量のコンクリートを攪拌する。攪拌されたコンクリートを成形型枠の中にバケツから直接注ぐか、シャベルで入れていく。泡が消えるように、短い補強鉄筋か清潔な棒でコンクリートの上下を混ぜてひっくり返す。

コンクリートが固まるまで1週間そのままにしておき、その後土の上の成形型枠を取る。束石の間に防水シートを敷き、砂利をかぶせる。

ヒント

束石が正確に水平でなかったとしても、後から鋼製束で大引きの高さを細かく調整できる。大引きを鋼製束の上部プレートに載せる時は、湿気に強く硬い何かを間に挟んで支えにすることが重要だ。ホームセンターには様々なサイズのプラスチック製のシキイタがあるので、それを使うといい。家屋の建築はこのプロジェクトよりも大規模なので、間に防湿シートを挟んで束石に大引きを直接乗せるのはいいアイデアだ。その場合は大引きをアンカーボルトで留める。

ボーリングをする前に入念に計測する

岩の上で束石を成形する

岩の上はサウナ小屋建築には最高だ！ 岩盤はがっしりしていて安定しており、凍土の影響を受けることもない。北欧では、それは大きな利点だ。ただし岩の上での作業には強力なロックドリルやレーザー墨出器といっ

た特殊工具が必要だ。レンタルすることもできるし、誰かに借りることもできるだろう。束石の成形が初めてだったり、岩盤がひび割れていたり、斜面だったりするなら、誰か経験豊かな人の助けを借りることを勧める。または基礎工事を完全に誰かに依頼するのもひとつの手だ。

必要な建材と工具

- ❏ 粗いコンクリート
- ❏ 膨張コンクリート
- ❏ お湯
- ❏ いくつかの胴縁用板の小片
- ❏ 束型用成形合板
- ❏ 補強用の材木。
  通常のパネル用板で十分だ
- ❏ 8mmと16mmの補強鉄筋

- ❏ ステンレス軸細コーススレッド
  4.2×42mm
- ❏ 木ネジ3.0×30mm
- ❏ 鋼製束四本、
  98〜105mmの間、
  大引きのサイズによる
- ❏ エナメル線
- ❏ 清潔な左官バケツ　二個
- ❏ ドライバドリル、ビット、
- ❏ 水平器

- ❏ メジャー　5メートル
- ❏ カラースプレー
- ❏ コンクリートハンドミキサー
- ❏ こて
- ❏ ディスクグラインダー
- ❏ ロックドリル
- ❏ レーザー墨出器
- ❏ 下げ振り錘
- ❏ スコップと一輪車

現場の補強鉄筋

型を岩に合わせる

１日目

　芝生やその他の植物があった場合、それらを削り取った後、レーザー墨出器を使って束石を置く四隅間の高低差を調べよう。束石は十分な頑丈さと支持強度が必要なため、15〜20cmの高さにすべきだ。二点間の高低差が2〜4cm程度だった場合、膨張コンクリートまたはケミカルボルトを使って鋼製束を直接岩盤に埋め込み、固定してもいい。

枠を使ってサウナ小屋の配置を調整する

　内側の縦横寸法が200×200cmの枠を板で製作し、対角線の長さを計測し角が直角であるように調整しよう。四隅のそれぞれに短い板きれを斜めに留めて、枠組みを固定する。サウナ小屋を正確な配置で建てられるように、枠を使って調整する。

　最も高い位置に合わせて一辺ずつ水平器で調整する。その後木枠を支える支注をネジ留めして、安定させる。水平器を使い、枠は水平に、支柱は垂直になるように入念に合わせる。支柱がぐらついていたら支柱の上端から岩盤まで板を斜めに渡してネジ留めし、支えにする。また必要に応じ、岩盤にボーリングをして支持用の補強鉄筋を立ててもいい。枠が水平になったら岩盤上の各四隅から10cm内側の位置にカラースプレーで丸印を付ける。正しく印が付けられるように下げ振り錘を使うといい。

束型製作

　コンクリート供試体成形型枠を買わず、束石の型から自分で製作してもいい。成形合板を幅20cm×二枚と幅22.4cm×二枚に切る。長さはどの程度束石の高さが必要かによる。少々長めに切っておけば、岩盤に合わせる余裕ができる。ベニヤ板の縦線に沿って、二枚の幅広の板を狭い板二枚の側（そば）にネジ留めし、束型を製作する。3.0×30mmのネジを、15cmずつ間隔をあけて留めていく。合計四つの束型を作る。

丁寧に充填していく

束型が振動ドリルによって振動している

ボーリング＆補強

カラースプレーで丸印を付けた位置に、補強鉄筋用の穴を掘る。岩用ビットを装着した、強力な振動ドリルかまたはハンマードリルを使うといい。この工具が十分ではなかった場合、専門家が使うような大変強力なロックドリルのレンタルもある。補強鉄筋が十分に安定するためには10cm程度は岩盤を掘る必要がある。

頑丈な補強鉄筋を、ディスクグラインダーで束石の最終的な高さよりも10cm程度短い長さで、四本に切断する。穴から岩の細かいかけらを取り除き、穴ひとつにつき補強鉄筋を一本ずつ差し込んでいく。その後周りに三、四個の小さな穴を掘る。互いに近い場所に掘るようにし、補強鉄筋が錆びるのを防ぐために最低3cm束型の枠から離すようにする。細めの補強鉄筋を短く切断し、岩盤に埋め込んだ補強鉄筋の間にハンマーで打ち込む。補強鉄筋同士が小さな束になるように、エナメル線で縛る。

束型の配置を調整する

補強鉄筋がしっかりと中心に入っているように注意しながら束型をひとつずつ置いていく。どれも垂直に立っていなければならない。どの束型もある程度、形を岩盤に合わせる必要がある。この作業にはジグソーを使う。実際、完全にぴったりくっついている必要はなく、1cm程度の隙間なら成形する前に外側からコンクリートで埋めることができる。木枠にネジ留めする前に、水平器を使い垂直方向と水平方向を入念に確認し、完全に垂直に立っているかどうかを見る。

束型をこてで平らにならす

ここからが束石成形の第一歩だ。コンクリートを混ぜる前に、必要のないものをかたづけよう。そうでないとセメントがくっついてしまう。汚れても構わない服を着よう。手袋をはめることを忘れないでほしい。粗いコンクリートを少々左官バケツで撹拌する。オートミールと同程度の質感で均等に混合する。束型側面の下の方をこてで外側から平にならす。膨張コンクリートを混ぜ、束

型に数センチずつ入れていく。混合物から空気を抜くために長い棒で上下をかえす。一本の補強鉄筋なら完璧だ。そのまま一晩、コンクリートが固くなるまで放っておく。

2日目

今度は完成した束石がどの程度の高さになるのかを決める必要がある。レーザー墨出器を使い、束石ひとつにつき釘を二本ずつ、先端が束型に入るように外側から内側に向かって打ちこむ。コンクリートを束型に充填する時には釘の先端の位置まで入れる。

大引きを束石に直接載せるなら、ここで成形を始める。鋼製束を立てて一緒に固めるなら、ここで設置する。上部プレートはコンクリートの表面から3cm上にくるようにする。

釘から計測し、大引きが載る方向と合わせて各束型の上部にジグソーで四角い溝を二ヵ所入れる（四角く切りぬいた部分の底辺は鋼製束の上部プレートと同じ高さ）。

切りぬいた溝の部分に板を渡し、鋼製束の上部プレートをその板に数本のアンカーボルトで留める。鋼製束が板に対して正しい角度で立っていて、束型の中央にあるかどうかを確認する。

束型にコンクリートを充填する作業

束型の中が清潔できれいであるように注意する。おが屑を払い、落ち葉やその他を吹き飛ばす。

コンクリートの充填は、誰か友人の手を借りよう。ひとりがコンクリートを攪拌し、ひとりが充填していくといい。バケツに常温の水を少々入れる。20℃程度がちょうどいい。その水を清潔な左官バケツに少々垂らし、コンクリートを少々入れる。コンクリート生地が均等になるように攪拌する。コンクリートを少しずつ足していき、その度に生地がざらざらしていて均等な状態になるまで数分間攪拌していく。あまり攪拌しすぎないようにした方がいい。攪拌に時間がかかる上、重くなりすぎてしまう。このコンクリート生地を束型に流し込む。新たなコンクリートを作っては充填し、束型上部に打ち込んだ釘のところまで満たす。

コンクリートを振動させる

コンクリートは生地から空気を抜くことが重要だ。振動ドリルを束型の側面に押しつけ、何度か作動させる（穿孔はしない）。生地の表面に小さな泡が浮いてきたら、うまくいっている証拠だ。その時束型の位置がずれないように注意しよう。その後寝かせておくと固くなり頑丈な束石になる。

丈の高い束石を支える

丈の高い束石が必要な場合、束型を板の枠で外側から補強するのはいい考えだ。約40cmの板を四本切り出し、束型の周囲をできるだけきつく押さえるように当てて角の部分を二本のネジで留める。固まりきっていないコンクリートの膨張力は地面から20cm程度の部分が一番強いので、板枠をそこにはめる。枠と束型の間に隙間がある場合、そこにいくつかくさびを打ち込む。

コンクリートが固まる

コンクリートが固まるまでに約1ヵ月かかる。大量のコンクリートが固まるには、半年かかることもある。コンクリートで何かを成形しているのが晴れている夏の日だった場合、表面がすぐに乾燥してしまうのを防止する必要がある。秋か春だったら空気中の湿度が防いでくれる。冬の間に作業する場合、硬化が進むように冬用コンクリートを使う必要がある。またコンクリート生地に含まれる水分が凍らないように、防水をする必要があるかもしれない。

成形後1週間余り経てば、サウナ小屋建築を続けられるだろう。ただし束型はもうしばらくそのままにしておこう。束型を取る時にはネジを注意深く抜き、ベニヤ板の型をそうっと剥がそう。

これで基礎が準備できた。建築の開始だ！

Bärlinor & bjälklag
大引きと根太

サウナ小屋と基礎の接合部分

サウナ小屋の重心は基礎に均等にかかっていなければならない。それを助けるのが束石の間にかかる二本の大引きだ。この大引きの上に、床を強固にし崩れたりしないように支えてくれる根太が載る。設計図を見ると、二本の角材が他よりも近い位置にあることが分かるだろう。そこにはストーブが設置される。もし反対側に設置する場合は、近づける角材の位置も反対側に据える必要がある。

大引きの外見は様々だ。95×95mmまたは100×100mmの角材の場合もあれば、二本ずつネジ止めした45×120mmの角材の場合もある。この場合は大引き一本ごとに最低5×90mmのネジで、両側から留める。

計測と留め

大引きを鋼製束に載せ、対角線を使って確認する。双方の対角線が正確に合うまで、大引きの前後をハンマーで叩く。

大引きが完全に水平に載っているかどうかは大変重要だ。水平器を使い、自分がいいと思うまでいくつかのシキイタまたはくさびを大引きの下に入れて調整する。大引きが正しく設置されているかどうかを確認するため、間にまっすぐな板を側を上にして渡し、その上に水平器を置く。全てが正しい位置に収まったら、鋼製束の上部プレートにはまっている大引きをアンカーボルトで両面から留める。

必要な建材と工具

❏ 長くてまっすぐな板　一枚
❏ 六角コーチスクリュー6×80mm
❏ 梁受け金物
❏ 木ネジ6×100mm
❏ アンカーボルト　4.8×40mm
❏ 様々な寸法のシキイタ

❏ ドリルビット　5mm
❏ メジャー5m
❏ ドライバドリル、ビット
❏ スコヤ
❏ 卓上スライド丸のこまたはハンドソー
❏ 水平器

❏ ペン
❏ レンチセットまたはコンビネーションレンチ
❏ タールオイル
❏ 刷毛（筆）

材木リスト

大引き：
❏ 230cm、二本

角材45×195mm:
❏ 215cm、二本
❏ 203.5cm、二本
❏ 194.5cm、三本

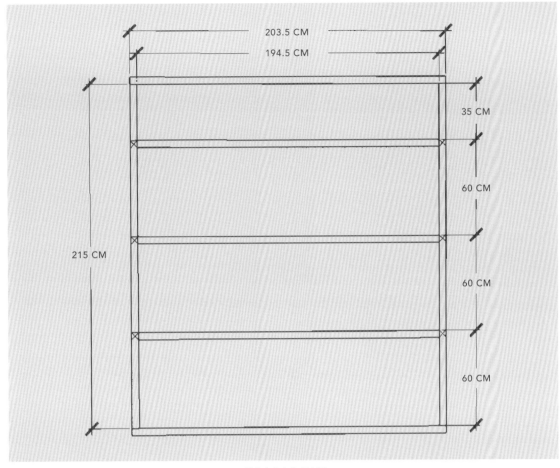

203.5 CM

194.5 CM

35 CM

60 CM

215 CM

60 CM

60 CM

根太を上から見た図

木ネジを挿入するために、下穴をあける。できるだけまっすぐに、あけるようにしよう。木ネジは鋼製束上部プレートの両面にある一番大きなビス穴から挿入し、ラチェットハンドル、フレックスレンチ、またはモンキーレンチで十分に固く締める。高さの調整に木製のくさびを使っている場合、それは外してプラスチックのシキイタか何か、湿気に強いものに取り替える。

建築の間、サウナ小屋が雨ざらし状態か少々タールの匂いを感じていたいなら、大引きの小口にタールオイルを塗ろう。

続けて根太の作業をするなら、大引きの上を作業台にすることもできる。一番長い角材を二本片方の大引きの上に置き、角材の長辺同士と、端と端同士を合わせる。設計図が示す通りに計測し、印を付ける。スコヤを

取り出し双方の角材に一本ずつ線を引く。線のどちら側に角材を設置するかを覚えておくため、先ほど付けた印のそばに×印を付ける。

二番目に長い角材を取り出し、一番長い角材の小口を覆うように設置する。スコヤを使って内角を確認してから三つの6×100mmのネジで留める。根太用角材を完全に同じ高さに保つことが難しい場合、ラチェットバークランプを支えにする。このようにして四隅を留めていって、枠組みを作る。対角線を使ってこの枠を確認し、正確な長方形になるまで調整する。

大引きの設置

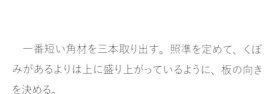

木製くさびで大引きを水平にする

一番短い角材を三本取り出す。照準を定めて、くぼみがあるよりは上に盛り上がっているように、板の向きを決める。

枠の中の×印の位置にくるように、また自分の描いた線と端部が合うように短い角材を押し込む。角材が枠に入りにくかったらハンマーで叩いてみるといい。あまりにもきつすぎたら計測をして、ほんのわずか切り取ってみよう。

板がちょうど同じ高さになるように、ラチェットバークランプを使う。角材の各端部を6×100mmのネジ三本で枠に留める。

大引き上の根太がまっすぐに載っていて、どちらの方向にも同じ長さ分突き出ているように、位置を合わせる。（サウナ小屋の向きを逆にした場合は根太の枠を180度回転させる）。束石が少々斜めに立っている場合でも、根太が自分の建てたい方向に向いてまっすぐ置かれていることが何よりも重要だ。

梁受け金物は上部プレート1枚につき、16本のアンカーボルトで留める。

タールオイル

タールオイルはおそらく一般的な用語ではないだろう。しかし木材で何かを製作する時には手元に置いておくと便利なものだ。これはタールと亜麻仁油を蓋付きの瓶の中で混合させたものだ。湿気に触れる可能性のある全ての木製部品に塗るといい（ただし屋外に限る。タールの匂いは屋内では強すぎる）。材木の木口は毛管作用によって水分を吸い上げ続けるため、油分を塗布することは重要だ。フェンス用のくいや桟橋など雨ざらしになるものは、下の部分にこのタールオイルを刷毛で塗る。タールはいい匂いがするが、毒があるので手袋を使って塗ること。長期間にわたりベタベタするので、屋外家具には使わないようにする。

材木の木口を湿気から保護する

六角コーチスクリューで留める

根太を設置する時にはまっすぐに留める

根太がもうすぐ完成する

Lägga golv
床の設置

フローリング材の床とすのこ状の床

サウナ小屋の床にはビニールマット、硬質レンガ、フローリングなど様々なものがある。どんなタイプにするかは、もちろん自分の好み次第だ。ただしどんなサウナ浴をするかも、選択の基準になる。スウェーデンではドライサウナの方が一般的なようだ。それに対してフィンランドでは、おそらくスチームサウナの方が人気がある。個人的にはスチームサウナの方が好きだ。スチームからの熱い湯気とバケツに入った水の冷気が混ざり合い、ちょうどいい温度になり、その中で手桶で水をかぶるほど気持ちのいいことはない。もしサウナでそういうことをするのが好きなら、どれだけ濡れても大丈夫な床を選ぶ必要がある。

フローリングは設置が簡単で、踏み心地がいい。さらに比較的安価で天然の滑り止めがあり、我慢できないほど汚くなったらヤスリをかければいい。フローリングはすのこ仕様にすればそこから新鮮な空気が入ってきて、身体にかけた水は排出される。私の作っているサウナ小屋はゲストルームの役割も果たす。そのためベンチの下の床は友人たちが一晩過ごせるように板の間を密にして、それ以外の場所は隙間を開ける。サウナルームをゲストルームに変身させる時はマットを敷いて、板の隙間からあまり風が入ってこないようにする。部屋の床全体をすのこ状にしても構わない。もし隙間のない密なフローリングにするなら、他の方法で新鮮な外気を取り込む工夫をする必要がある。本書の序章に載せたアイデアを読み返してほしい。

準備

板を全て正しい長さに切るところから始めよう。ハンドソーに鋭い刃がついて、やる気が満ちてきたら、のこぎり引きの時間だ！　端の部分はすぐに壁の枠組みで隠れてしまうので、結果を心配しすぎることなく、落ち着いてまっすぐに切ることに集中しよう。卓上スライド丸のこかジグソーの方が使いやすいなら、もちろんそちらを使っても大丈夫だ。

フローリング材の二枚がうまく合わないと、ハンマーで強く叩いて押し込んでしまいたくなるかもしれない。だが気をつけてほしい。フローリング材を直接叩くと割れてしまって、次の板はもっとはめ込むのが難しくなる。それよりも切り取った羽目板の端材からオスさねの部分を削り取って、ブロックにしよう。フローリング材同士がはまりにくい時は、後ろ側にこのブロックを置いて、それをハンマーで叩いて押し込めばいい。

必要な建材と工具

❏床用建材。
私は両面プレナー仕上げのフローリング材28×120mmとすのこ状の床用板27×70mmを使っている。480cm長さの板を入手することができるなら、二枚切り出すことができる。その場合、480cmの板が、フローリング材用には五枚、すのこ状の床板用には六枚必要になる。

❏仕上げ釘　75×2.8mm
❏床用ネジ　3.7×57mm
（トルクスヘッドネジであることを確認すること）

❏ハンドソー
❏メジャー5m
❏ペン

❏ハンマー
❏折り尺
❏スコヤ
❏ナイフ
❏システムバークランプ付きの丸のこ
❏ドライバドリル、ビット
❏ドリルビット2mm

親指で押さえてまっすぐカットする

ナイフの側面を使って反発の力ですき間を埋める

オスさねを通してネジを斜めに留める

オスさねを切り取る

隙間の指標となる折り尺

仕上げ釘で留める

本実加工の床

　両面プレナー仕上げのフローリング材はメスさねが後方の壁に向き、板の木裏が上を向くようにする（つまり板の木口側を見ると、年輪の外側が下にくるようにする）。ネジがオスさねを45度の角度で貫き、根太まで届くようにして留める。ネジの頭部が全て板の中に埋まってしまうように深く留める。根太一本につき、ネジを一本使う。どれだけ叩いても板のオスさねがうまく入っていかなかったらどうすればいいのだろう？　その板をはめ込むメスさねにゴミか何かが入っていないかどうか、よく見てみよう。時には摩擦を小さくする必要がある。板を上向きに傾け、ハンマーとブロックを使って叩く。

　隙間が空いている場合は、すでに設置してある床板に新たな板を近づけ、板同士が密接した部分（端部）にネジを留める。その後隙間が空いている部分を、フローリング材のオスさね側からナイフの先を根太に当ててメスさね側へと押すことではめ込む。

　最後のフローリング材を、ネジの頭部が十分に材木の中に埋まっているように注意しながら留める。プランジ丸のこまたは丸のこの刃を、ちょうどフローリング材のオスさねの下にくるような深さに設定し、オスさねを切り落とす。

すのこ状の床

　今度は床のすのこ状の部分を設置する番だ。私は板間の隙間の幅を決めるのに折り尺を使っている。ものさし部分二つ分が隙間としてはちょうどいいと私は考えている。けれどももっと大きくあいていても構わない。この床板は根太一本につき二本ずつ釘を使って留める。釘を打ち込む前に、端から約1.5cmの部分にドリルで下穴をあけておく。床につくハンマーの跡を避けたい場合は、ポンチを使うといい。自分にとってちょうどいい間隔を取って、釘打ちを始めよう。その後、床板を曲げたり押したりし、隙間が均等になるようにして作業を続けよう。

　一番端の根太に向かって板同士の隙間が均等になるように、羽目板の端から根太までの距離を計算し等分する。最後の隙間は、壁板で隠れてしまうので他よりも大きくあいていても構わない。

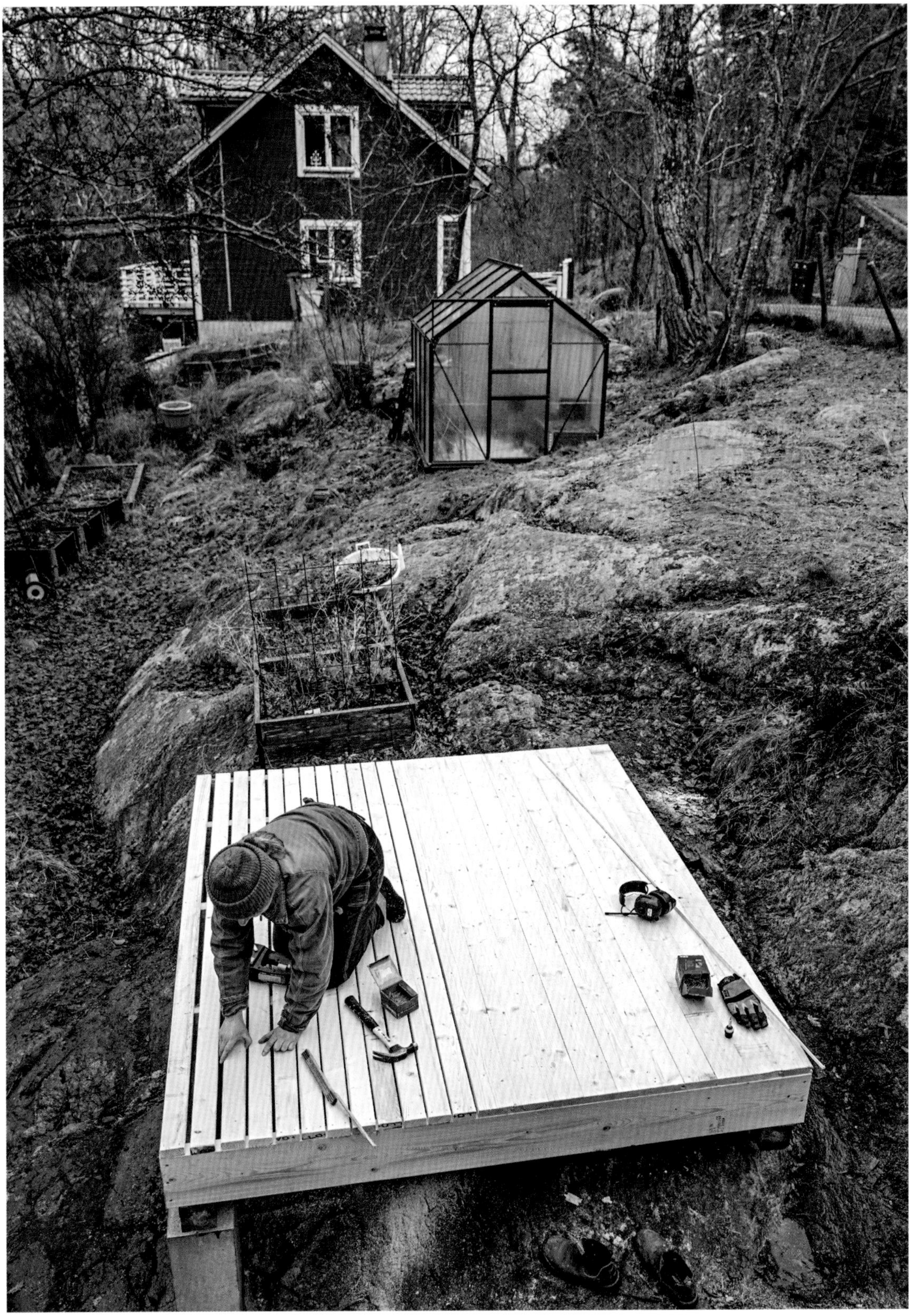

フローリングとすのこ状の床両方を設置する。その日の作業を終えたら、防水シートをかけておくことを忘れずに

Bygga väggar
壁の製作

耐力壁の骨組みができあがってくる

床が敷き終わった！　つまり壁のネジ留めができる、完璧な作業台ができたということだ。この壁は45×95mmの角材数本でできており、それらが集まって耐力壁の骨組みを形成する。私は板を寝かせた状態で製作する方法を好む。その方が作業が楽な上、一度にこの骨組みを立てる方が効率的だ。設計図に従って、一枚ずつ壁を製作していこう。壁はドアや窓の寸法に合わせなければならないので、先にそれらを選んでおくと作業が楽になる。どの壁も正確な長方形になっているように、建物のどの部分も対角線を用いて調整する必要がある。

卓上スライド丸のこを持っているなら、今こそ出番だ。丸のこスタンドが安定して立っていて、卓上スライド丸のこに鋭い刃が90度の角度で付いていることを確認しよう。多くの角材を同じ長さで切る時には丸のこスタンドを立てておくと便利だ。角材をいちいち計測しなくて済む。ジグソーを使うなら、補助スタント代わりにスコヤに沿って切るのを勧める。その方がまっすぐに切りやすい。

切った材木は簡単に手に取れるように、分別して積み重ねておこう。地面の湿気から守るため、下に何かを敷いておくといい。パレットか側を上下にした二枚の短い角材が役に立つだろう。余ってもそのまま置いておこう。そのうちに使うかもしれない。

必要な建材と工具

❏ メジャー5m
❏ 折り尺
❏ ナイフ
❏ ペン
❏ ドライバドリル、ビット

❏ スタンド付きの卓上スライド丸のこ、ジグソーまたはハンドソー
❏ スコヤ
❏ 木ネジ5×90mm

❏ システムバークランプ付きの丸のこ

材木リスト

下枠と上枠
45×95mm:
❏ 224cm、四本
❏ 184.5cm、三本
❏ 109cm、一本

桁45×120mm:
❏ 224cm、二本

角材45×95mm:
❏ 211cm、六本
❏ 195.5cm、一本
❏ 191cm、十四本
❏ A、二本
❏ B、二本
※ A、Bは p68〜69を参照

横木45×95mm:
❏ 窓枠の幅 +2cm、二本

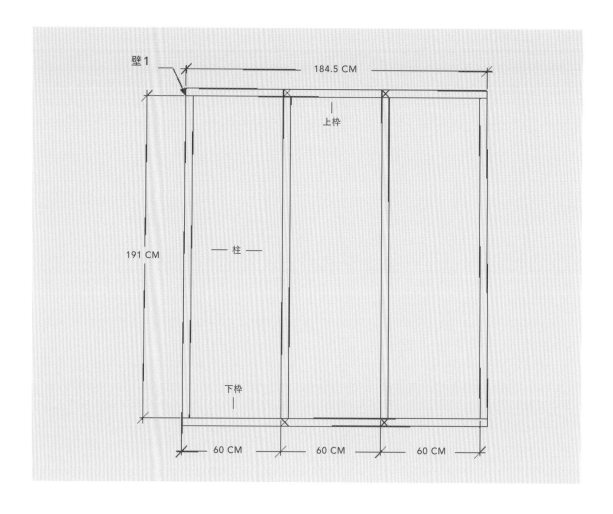

壁1

　設計図を見て下枠と上枠（各長さ184.5cm）を、床の上の、後にその壁を立てる部分に置く。建材や工具を決まった場所に置いておくと作業はスムーズに進むものだ。この二本の角材（下枠と上枠）を、側を上下にして端と端を合わせて密着させる。設計図に従って計測し、片方の角材に印を付けていく。その後スコヤを使って、もう一本の角材に印から直線を伸ばして描き入れていく。直線の横、柱をネジ留めする側に×印を記入する。長さ191cmの角材を二本手に取り、上枠と下枠の間に垂直に置く。上枠がこの二本の角材、つまり柱の上に載ることを念頭に置いておこう。留めの位置ごとに5×90mmのネジ二本を留める前に、スコヤで角度が90度になっているかどうかに注意しよう。必要に応じて対角線を計測し、調整する。製作した枠の中に、さらに長さ191cmの角材二本を、叩いて押し込む。自分が付けた印と角材の端がぴったり合っていて、直線に対して正しい側に入っているかどうかを注意する。これらの柱が下枠や上枠と同じ高さかどうか、指で触って確かめる。もし揃っていなかった場合はラチェットバークランプが役に立つ。留めの位置ごとに5×90mmのネジ二本で留める。

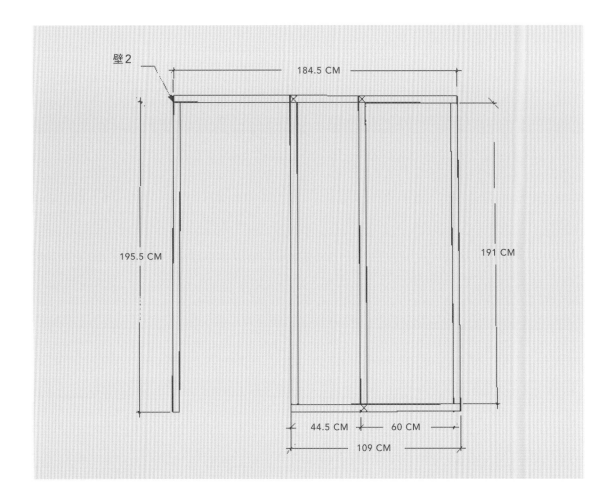

ヒント

桁を打ち込んだり壁を立たせたり床から移動させたりする前に、仮のはすかいで留めておいた方が安全だ。パネルの端材など適当に板を選んで上枠から下枠まで斜めに留めておこう。できるだけ多くの柱の上を通るようにし、一本ずつ留めていこう。これで壁は安定し、対角線の寸法が崩れることなく安心して扱うことができる。

壁2

ここで必要なのは下枠の長さと柱間の距離だ。この柱間の距離は、自分が選んだドアに合わせて決める。ドアを自作するにしろ中古のものを使うにしろサウナ小屋ドアの新品を買うにしろ、開口部はドアの枠の外寸より1cm大きくする。このように余裕を設けることによって、枠を調整するのが容易になると同時に、この枠が壁の荷重に耐えやすくなる。

ドアの開口部に隣接する柱（本書のサウナ小屋ではドアの左側にある）は4.5cm長くし、床面に接して立つようにする。そうすれば、その部分のためだけに短い下枠を作らずに済む。

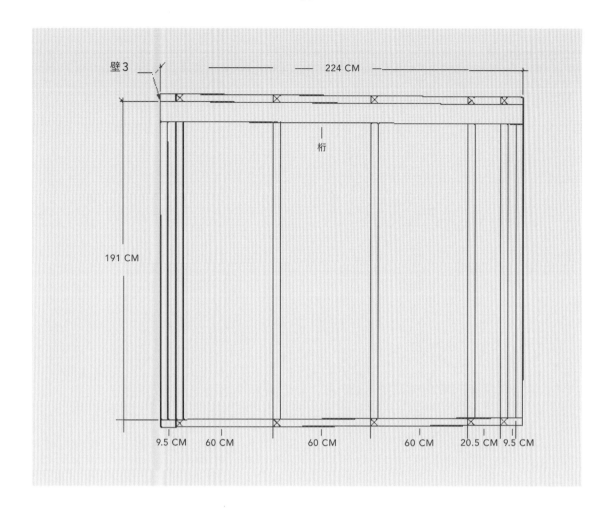

壁3

設計図から分かるように、柱は端部の方は互いに密着させてネジ留めをし、中の部分はc/cを60cmずつあけ、右の方には狭い空間をひとつ作る。この空間がサウナ小屋の暖気が排出される縦坑(シャフト)になる。換気システムは暖気があるからこそうまく機能する。また、サウナストーブから見て斜め前、そして向かい側の壁に付いているのがベストだ。サウナストーブを本書とは別の位置に設置するなら、排気用のシャフトの位置も調整することを念頭に置いてほしい。

壁3と4は妻壁とほぼ同じやり方で製作するが、異なるのは屋根の重量を支える桁を必要とすることだ。この桁は45×120mmの角材でできており、柱の上部にはめ込むことになる。はめ込みには2通りの手法がある。

手法1：

柱を組み立てる前に、一本一本に桁の幅と厚みに合わせた直線を描いておく。手元に集中し、スコヤを用いる。切り落とす部分をジグソーで切断する。直線のどちら側を切断するかを間違えないように注意する。

手法2：

設計図に従って妻壁と同じ方法で柱を設置する。ただしこの段階では、下端をネジ一本で留めておく。桁を上枠と両端を合わせて柱の上に置き、各柱に直線を描く。システムバークランプ付きの丸のこの刃の深さを4.5cm＋システムバークランプの厚みに設定する。切断する前に柱の下方がネジで留まっているかどうかを二重確認する。

留めの位置ごとにネジ二本で留めていく

床を作業台に使う

壁の形ができてきた

窓の上の柱を区分する

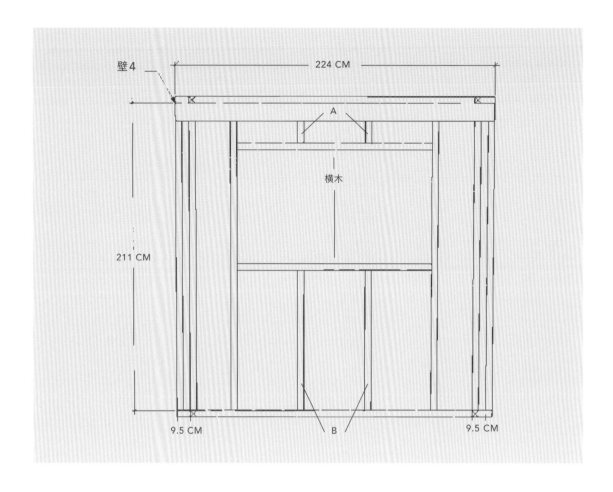

システムバークランプを少しずつずらし、柱ごとにくし状に多くの切れ目を入れていく。上枠まで自分の描いた線に沿って注意深く作業する。それ以外は適当でいい。満足するまで切れ目を入れたら、最高に気持ちのいい瞬間がやってくる。くしの歯部分のブロックをハンマーで叩き出し、ナイフで切断面を均等に整える。その後桁を一ヵ所ごとに叩いていて押し込む。切断面によっては調整する必要があるかもしれない。桁を柱一本につき5×90mmのネジ二本で留めていく。

壁 4

この工程では自分で選んだ窓に合わせて設計図を修正する。私の使う窓の枠は外寸が135×75.5cmだ。つまり開口部は137×77.5cmになる。窓の高さは自分の好みに合わせればいい。私のサウナ小屋では、床から105cmがちょうどいいと思える。サウナ使用者はどちらのベンチからも外の眺めが楽しめる上、窓の下の壁がストーブからの熱気を吸収する。

壁4もこれまでの壁と同じように製作する。上枠と下枠を密着させて並べるところから始める。窓枠の寸法から1cm外側に柱がはまるように計測し印を付ける。211cmの長い角材を使い、同じ方法で作業を進める。窓枠の下の方の端部を計測し、直線の下に×印を付ける。窓枠の上の方の端部を計測し、直線の上に×印を付ける。どちらの方向も1cmの間隔をあけることを忘れないようにする。

システムバークランプ付きの丸のこで
くし状の切れ目を入れていく

くしの歯部分のブロックを叩き出す

上枠、下枠、長さ211cmの角材二本で枠を製作する。対角線を使い二重確認する。

柱を二本ずつそれぞれの一番近い角に押し込み、さらに窓枠をはめ込む部分に二本の角材を押し込み、印を付けた位置に設置する。

二本の横木を柱と柱の間に叩いて押し込み、留めの位置ごとに5×90mmのネジ二本で留める。窓枠の上下で横木（AとB）を均等な間隔に割り当てる。中央の寸法が60cmを超えないようにする。壁3と同様に、上枠の下に桁をはめ込む。

歪んでいたら？

角材をどれだけ慎重に切断しても、柱によっては思いっきり叩いて枠に押し込まなければならなかったり、短すぎるように感じたりすることはある。多くの場合は下枠と上枠がどちらかの方向に曲がっていることが原因だ。もし自分の切った柱が正確な長さなら、この歪みを訂正するのに役立つだろう。どれか長すぎるものがあったら少し切ればいいし、短すぎるものがあったらブロックを切り出して継ぎ足せばいい。ただし一番いいのは正しい長さの柱をもう一度製作することだ。

Resa väggar
壁を立ち上げる

サウナ小屋の形が見えてくる

壁ができあがったら、それを立ち上げる必要がある。双方の対角線の寸法が合っていて、壁の枠が崩れないようにはすかいが斜めに渡っていて、留めてあるかを確認しよう。誰か友人に手伝ってもらうと楽だ!

準備

短い角材二本を根太の両端にネジ留めする。二本のネジで留め、角材の上方30〜50cmは床上に突き出ているようにする。この角材は壁を立てた時のストッパーの役割を果たす。壁を安定させるために、はすかいを切り出そう。例えばパネル板で作ってもいい。120〜150cm程度の端材ならちょうどいい。

壁を立ち上げ、安定させる

壁4を床の上に置いて立ち上げる。もし二人いるなら持ち上げてもいい。下枠はストッパーの角材に密着させる。壁4をずらして下面を床面に付け、両端を合わせて置く。壁4の右側で水平器を角柱に付けて調整し、根太と柱の間に対角線にはすかいを渡してネジで留める。左側でも同じようにして、はすかいを留める。初めの壁が垂直に立ったら仕切りごとに下枠、床板、根太を貫く長いネジを締めて留める。

続けて壁1を立ち上げる。柱が同じ高さで並んでいるこ

とを確認し、壁が正しい位置に立っているようにクランプで仮に留めておく。もう一方の端を水平器で調整し、はすかいで動かないようにする。角柱をそれぞれ5×90mmのネジ三本で留める。一番長いネジで下枠を根太に留める。

壁2、壁3でもこの工程をくり返す。全ての角柱が同じ高さで並んでいるように、水平器で二重確認して必要に応じて調整し、はすかいで動かないように留める。

壁が時間の経過とともに歪んでいくのを避けるため、四面とも対角線上を補強する必要がある。はすかいを使ってもいいが、穴あきバンドの使用も迅速でスムーズな方法だ。壁の右上角から作業を開始し、まず穴あきバンドを上枠にアンカーボルトで留める。その後できるだけ多くの柱と交差するように左下の角に向かって穴あきバンドを延ばしていき、柱一本一本にアンカーボルトで留めていく。最後に穴あきバンドを根太にネジ留めし、端を金切りばさみで切る。壁の反対側の左上端から同じ作業をくり返す。穴あきバンドを右斜め下の角に向かって延ばしながら、柱に留めていく。骨組みが歪まないように固くネジを締めるために(コツとしては、穴あきバンドが延びていく方向に向かって、ネジをちょっと傾けて締めるといい)、穴あきバンドを強く引っ張りすぎないように注意する。壁を全て穴あきバンドで補強したら、はすかいとストッパーは外す。

必要な建材と工具

- ❏ 50〜80cmの短い角柱。余剰の端材など
- ❏ 好みの板　約150cm
- ❏ 25m穴あきバンド、1.25×25mm
- ❏ アンカーボルト　4.8×40mm
- ❏ 木ネジ　6×140mm
- ❏ 木ネジ　5×90mm
- ❏ ステンレス軸細コーススレッド 4.2×42mm
- ❏ ドライバドリル、ビット
- ❏ ハンドソー
- ❏ ラチェットバークランプ 最低二本
- ❏ 水平器
- ❏ 金切りばさみ
- ❏ はしご

ストッパーで壁が傾くのを防ぐ

壁の立ち上げの間に傾斜を確認する

骨組みを長いネジで留める

対角線に穴あきバンドを付けるとねじり剛性が高まる

Montera takreglar
垂木を取り付ける

切断する、切り込みを入れる、留める

屋根の作業を始める前に、自分の作っているサウナ小屋をちょっと眺めてみることを勧める。まず、この中に座りストーブの熱さにあたっている場面を想像してみよう。

準備

垂木を切り出し、そのうちの一本を選び型板にする。壁3と壁4の間に載せ、どちらの方向にも同じ長さだけ突き出しているようにする。妻壁のそばに設置すると、垂木が平行になっているかどうかが確認しやすい。お気づきのように、しっかりと留まっているわけではない。安定させるには、角度を割り出す必要がある。それに続いて端部のそれぞれも見栄え良く揃えるために、角度を割り出す。

垂木に切り込みを入れる

上枠の上面と垂木の下面の間の隙間を計測する。私の場合はほぼ1cmぴったりだった。45×95mmの角柱からそれと同じ長さの小片を切り取る。この小片を定規として使い、上枠に垂木がはまるにはどの程度の長さと角度にすべきかを決める。角柱の上にこのブロックを載せ、端と端が合うように手で揃える。垂木にくさび形の切れ目が入れられるように、しっかり削った鉛筆でブロック断面の形をなぞり垂木に線を描き入れる。他の垂木の端部でも同じようにする。

次に垂木用板の木口の角度を決める。この角度を壁と平行にするため、短い角材を定規の代わりに使う。角材を角柱の外側に当て、垂木をずらして下側の端を角材の側と合わせる。角材の側に沿って、垂木に直線を描き入れる。

その後、のこぎりの準備をする。卓上スライド丸のこの刃が線に沿って動くように、ターンテーブルの向きを調整する。垂木の端部をカットし、もう一方の端部も同じようにする。垂木の端部の角度を揃える。斜めにカットされたビスケットの形を思い出してほしい。ジグソーを使い、上枠に合わせて垂木にくさび形の切り込みを入れる。上枠に垂木を載せてみて、ぐらつかずにはまっているかどうかを確認する。おそらく切り込み部分をナイフかジグソーで少々調整する必要があるだろう。しっかりはまったのが確認できたら、その垂木は他の垂木の型板として使うことができる。

必要な建材と工具

- ☐ 短い角材一本　45×95mm
- ☐ L型ブラケット90×90mm 16個
- ☐ アンカーボルト4.8×40mm
- ☐ 木ネジ5×90mm
- ☐ 卓上スライド丸のこ
- ☐ ジグソー
- ☐ 尖らせた鉛筆
- ☐ 折り尺
- ☐ はしご

材木リスト

垂木用角材　45×120mm:
- ☐ 270cm、六本

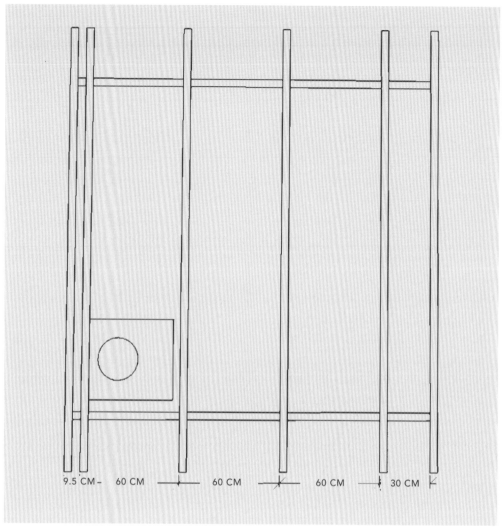

上から見た垂木の配置

設置

　設計図に従って垂木を置き、垂木一本ごとに四つの
L型ブラケットで留める。L型ブラケットはそれぞれ四つ
のアンカーボルトで留める。二つは下側を上枠に留め、
二つは上側を垂木に留める。妻壁の真上に設置する一
番外側の垂木にはL型ブラケットを上下の端部内側に
ひとつずつ使い、壁3と壁4の上枠に留める。垂木それ
ぞれの端部を、外側から5×90mmのネジをクロスさせ
て同上枠に留めることで安定する。

ブロックに沿って刻み目の線を描く

傾きを写す

ジグソーで刻み目を切り出す

L型ブラケットで留める

Lägga tak
屋根を葺く

野地板とルーフィングシート

この作業工程ではよく晴れた日を数日選び、ひとりかふたり友人の助けを呼ぼう。ルーフィングシートの下に湿気が溜まらないように、野地板がよく乾いていることが重要だ。そのためには防水シートを近くに置いておいてほしい。ルーフィングシートを設置すれば屋根は様々な気象条件から保護されることになり、下葺材、板金、屋根板または屋根用こけらといった次の屋根材を設置するまで2～3ヵ月そのままにしておける。作業が終わったら友人を小さなトッピングアウトパーティ（上棟式）に招待するのを忘れないこと！

安全性

屋根葺きは危険を伴う工程であり、集中力を要する。最初はサウナ小屋の中ではしごを使って作業できるだろう。ある程度進んだら、屋根に上って作業する必要がある。誰かを頼って、はしごに昇っている時には支えてもらったり、工具や建材を取ってもらったり、危い時は助けてもらおう。使わない工具は片付け、つまずくリスクを減らしておこう。屋根の上での作業中、誰かの頭の上に何かを落としてしまったら大変だ。下に誰かがいないかどうか、注意しよう。ハーネスや足場など、落下防止に使えるものはできるだけ使うようにしよう。

野地板を釘打ちする

野地板（瓦やスレートが置かれる屋根の下地板）用の290cmの板を切る。羽目板にするために溝（メスさね）を彫り、その板を屋根の一番下の部分に垂木と交叉するように置く。端部がどちらも同じ長さ分、突き出ているようにする。粗く削られた面を屋内側に向け、羽目板のオスさねを傾斜の上側に向ける。垂木一本ごとに釘かネジ一本で留めていく。ただし妻壁の上では二本で留める。

床を張った時と同様にブロックを作り、野地板のメスさねとオスさねをはめるのに使う。初めの板の残りを取って、垂木の上に継ぎ目がくるように載せよう。その継ぎ目の位置がどこになるかは、野地板の長さによるが。端の長さがばらばらになるのではと心配する

必要な建材と工具

- ❏ 野地板20×95mm、10㎡程度まで
- ❏ 一ロール YAM 2000 防水シート 1×10m、粘着テープ付き
- ❏ アスファルト接着剤一缶＋スクレイパー/チューブ二本＋カートリッジガン
- ❏ その他の自分で選んだ屋根葺き材＋留めるための釘あるいはネジ

- ❏ ルーフィング釘2.0×25mm
- ❏ 丸釘2.3×60 あるいは硬質木材ビスの残り
- ❏ 木ネジ5×90mm
- ❏ ステンレス軸細コーススレッド4.2×42mm
- ❏ 丸頭の木ネジ4.5×20mm
- ❏ 寸法2×30㎜の金属板を三つ、あるいは三つの雨樋受け金物
- ❏ ハンマー

- ❏ 木ライバドリル、ビット
- ❏ 4.5mmまでの様々なサイズの金属用ビット
- ❏ カッターナイフ
- ❏ ヒートガン
- ❏ 折り尺とペン
- ❏ システムバークランプ付きの丸のこあるいはジグソー
- ❏ クランプ
- ❏ 墨つぼ

必要はない。野地板を全て設置したら、切りそろえればいいだけだ。次の板の長さを計測し、正しい長さに切る。最初の板と同じ方法で留める。棟に向かって作業を進め、一段目から三段目までは継ぎ目をずらし、それをくり返す。

　屋根の頂点まで進んだら、最後の段の板は垂木の端と揃うように、羽目板のメスさねとオスさねの長さを調整してはめ込む。システムバークランプ付きの丸のこか、またはジグソーを補助スタンドと共に使うと簡単だ。

切りそろえる

　屋根全体に野地板を設置したら、今度は端を切り揃える。妻壁側両端の角柱（かどばしら）の外端から30cmの長さを計測する。墨つぼか、長くて十分にまっすぐな長板を物差し代わりに使って2点間に直線を引く。クランプで留めて、そのまま補助スタンドとしてこの板を使うといい。はみ出した部分を切り落とす前に、両端をしっかり確認すること。ジグソーの下面が常に補助スタンドと屋根に密着しているように注意を払ってカットしていく。この作業をもう一方の妻壁側でもくり返す。

三角棒の取り付け

　三角棒は野地板の上下両方に取り付ける。三角棒には二つの役割がある。上側はルーフィングシートを三角棒の輪郭に沿って上へ折り返せるように緩い傾斜を付けることだ。そうすれば雨水は野地板の木口に向かって端部をゆっくりと落ちていく代わりに、屋根の表面へと誘導される。上下の三角棒は破風板を留めておく支えとなる。妻壁と屋根の棟に沿って、野地板と

端と端を合わせてこれらの三角棒を置く。長さを計測し、切断する。野地板と端を合わせて三角棒を何本かの4.2×42mmのステンレス軸細コーススレッドで留める。

ルーフィングシートを釘で留める

　屋根にほうきをかけ、おが屑やその他のゴミをはらう。釘やネジの頭が突き出していて、ルーフィングシートを傷つける恐れがないかどうか、よく見て確認する。ルーフィングシートのロールを屋根の上に持ち上げて、そこで切るか、長さを測って地面で切る。ルーフィングシートが傷つかないように下に一本端材を敷き、また別の一本を物差し代わりに使うと便利だ。切り取ったルーフィングシートは、妻壁側と平壁側の両方で三角棒よりも10cm長く垂れ下がっているようにする。下側の粘着テープは野地板の下側の方にくるように、上側の粘着テープは野地板の上側の方にくるようにしてルーフィングシートを広げる。ルーフィングシートが屋根の下側端部から、折り尺より少々太いくらいの幅の分、はみ出るように調整する。はくり紙を剥がし、ルーフィングシートの表からヒートガンで少しずつ熱風を当てる。粘着剤はすぐに熱くなるため、火傷をしないように厚手の手袋をはめてから、ちょっとずつ手で上から叩いていこう。短いルーフィング釘で下方に向かってルーフィングシートを留めていく。もしよかったら、一方の手で釘を一本打ちながら、同時に次の釘を置いていくというのを練習してみよう。ネイルガンの時代がやってくるまで、屋根職人ならできて当然だった。短い釘は親指と人差し指でつまんで

材木リスト

三角棒50×50mm:
☐屋根の幅、四本
☐屋根の長さ−10cm、一本
流し桟木25×38mm:
☐屋根の幅−20cm、六本
瓦桟木25×38mm:
☐屋根の長さ−20cm、最低五本

破風板22×195mm:
☐屋根の幅、二本
☐屋根の長さ+4.5cm、一本
鼻隠し22×120mm:
☐屋根の幅、一本
ケラバ　22×95mm:
☐屋根の幅、二本
☐屋根の長さ−19cm、一本

雨樋22×95mm:
☐屋根の幅+50cm、一本
雨樋22×120mm:
☐屋根の幅+50cm、一本

補助スタンド代わりの長板を使って端を切り揃える

三角棒を留めていく

いると打つのが難しい。だから私はいつも、シガリロ（短い葉巻）を持つように人差し指と中指で支える。

最初の一枚を敷いたら、次の一枚に取りかかる。最初のと同じ長さに切り、粘着テープの部分が完全に重なり合うようにする。このルーフィングシートの両端が屋根から同じ長さだけ出ているように調整し、粘着テープのはくり紙を剥がす。熱風を当て上から叩き、千鳥打ちをしてその先を続ける。

最後の一枚は三角棒の上部と端が合うように調節する。三角棒に向かって20cmずつ間を空けながら釘で留め、重なり部分に千鳥打ちをする。

ルーフィングシートを妻側の三角棒にぴったり沿うように押しつけて折り上げる。約30cmずつ間を空けながら、外側からルーフィングシートを三角棒に留めていく。

煙突設置の前に

ルーフィングシートが貼り終わったら、この屋根は雨風やその他の気象条件から保護される。ルーフィング葺きの屋根にするなら、このままカバー用のルーフィング材を、下葺材を釘留めした時と同様に留めていく。アスファルト接着剤は丁寧に塗ろう。

煙突のフラッシングは平坦な下地に立てなければならないので、屋根を板か板金で葺く場合、フラッシングの設置には二種類の方法がある。ひとつには屋根を葺くのを、ストーブと煙突を取り付けるまで待つことだ。その場合はまずフラッシングを平らな下地に置き、屋根葺き材を煙突の形どおりにくり抜いて設置することになる。もうひとつにはストーブと煙突を取り付ける前に屋根を葺いてしまって、その後屋根の棟から50cm下方まで平らな板金を貼り、そこに煙突とフラッシングをボンドで固定する。

ルーフィングシートを折り上げて留める

c/c 15cmで千鳥打ちをする

流し桟木と瓦桟木

屋根を葺く前に流し桟木と瓦桟木を設置する。桟木によって水や汚れが流れていく隙間ができると同時に、ルーフィングシートを貫通するネジ穴の数を減らすことができる。流し桟木はステンレス軸細コーススレッドで屋根の表面に沿って最大 c/c 60cm で垂直に設置する。

瓦桟木は流し桟木と交差するように留め、間隔は屋根のタイプによる。私は波形の板金屋根を選ぶことにし、五本の瓦桟木を設置した。自分で選んだ屋根葺き材を瓦桟木に釘またはネジで留めていく。最終的には棟と屋根の端に沿った部分はケラバで隠れてしまう。

破風板とケラバ

破風板の寸法は屋根葺き材の厚みに合わせて調整する必要がある。かなり厚みがあるなら、幅の狭い破風板を2枚使い、端を重ねて設置する。屋根側の破風板が壁側の破風板に重なる。壁側の破風板の支えにするため、下側の三角棒を2.2cm移動する。

屋根の傾斜を考慮しながら、まず妻壁側の破風板を切る（私の設計図に従うなら、卓上スライド丸のこの角度を6度に設定する）。15cmずつ間隔を空けながらステンレス軸細コーススレッドで破風板を三角棒に留める。屋根の棟に取り付ける破風板を切る（この破風板は端部が直角だ）。この板が設置したばかりの瓦桟木の小口を隠すことになるのを覚えておこう。この破風板を上側の三角棒と垂木の端部に留める。ケラバは屋根の上に横たわることになり、破風板の上部を覆う。ケラバは屋根の軒以外の三方に取り付け、破風板の上側にネジで留める。

雨樋と鼻隠し

小さな屋根であってもかなりの量の雨が落ちてくるものであり、雨樋はそれを受け止める。雨水を蓋、またはせめて防虫ネットのついたたるに誘導する。その水はサウナで使ってもいいし、植物にやってもいい。雨樋はまた、壁のパネルに屋根から流れてくる雨が滴り落ちてくるのを防いでくれる。だからたるを持って

流し桟木と瓦桟木を設置する

二枚のパネル用板で作ったシンプルな雨樋

いなかったとしても、サウナ小屋から少々離れた所に雨水を誘導する方が賢い。

　雨樋、雨樋受け金物、雨樋ビスは既製品があり、購入が可能だ。こういった物を使うなら、まず鼻隠しを取り付ける。鼻隠しは野地板の下側と同じ高さにする。ルーフィングシートが鼻隠しから垂れ下がるようにし、それを垂木一本につき5×90mmネジ二本で留めていく。その後雨樋ビスで雨樋受け金物を鼻隠しに留めていく。雨樋は1mにつき最低3mmは傾斜していなければならないが、もっと速く流れるようにしてもいい。私のサウナ小屋の屋根では、最低1.5cmは傾斜がある方がちょうどいいと思う。

　自分で雨樋を作っても、それほど時間はかからない。95mmの板と120mmの板をネジ留めして左右の高さがほぼ同じのV字形の樋を作る。約20cmおきの間隔でネジをきつく留める。雨樋が長くもつように、ルーフィングシートを切って覆い（継ぎ目が同じ方向に重なり合っているように注意する）、ルーフィング釘で留める。雨樋受けは、私は厚さ2mmの三枚の鋼鉄で

製作した。まず端から約9cmの箇所で90度に曲げる。このホルダー部分に雨樋を載せるのだ。私は庭の飛び石の上でハンマーを使って鋼鉄を叩いて曲げたが、万力を使えたらもっと正確に曲げられるだろう。その後3つの雨樋受けは、雨樋に傾斜を付けるため、少々異なる角度で曲げていかなければならない。自分で試していってみるといい。傾斜がゆるすぎるよりは、きつすぎる方がまだましだ。雨樋受け金具には屋根に取り付ける部分に三ヵ所、雨樋を載せる部分に四ヵ所、ネジ用の下穴をあける。穴をあける前に下敷き代わりの板を置き、ドライバドリルを最高速のドリルモードに設定する。先に小さく穴をあけ、それからだんだんに穴を広げていくと楽にできるだろう。

　丸頭の木ネジ4.5×20mmを使って、雨樋受け金物を均等な間隔で野地板の下側に留めていく。同様に、雨樋も受け金物に留める。じょうろで屋根の上に水を流し、傾斜がちょうどいいかどうかを確認しよう。

Insektsnät, vindskydd & läkt

防虫ネット、防風シートと胴縁

重要な通気層と保護

外装パネル背後の通気層と組み合わせた拡散解放型の防風シートがあれば断熱材中に滞留している熱気が風で散らされず、同時に湿気が乾いていくだろう。

市場には様々な拡散解放型の防風シートが出回っている。自分のサウナ小屋には、昔ながらの風よけシートを使っている。簡単に言えばアスファルトを染みこませた頑丈なシートだ。このシートの長所は比較的安価で、捨てる時に特に分別が必要ないことだ。短所は作業の期間中はパネルか防水シートで覆っておかなければならないことだ。他の最近のタイプの防風シートは、数ヵ月間雨ざらしでも大丈夫だ。

防虫ネット

ネットを張ったからといって、必ずしも虫が巣を作らないわけではない。だがある程度は防いでくれる。強靭なアルミニウムのネットもあるが、もっと柔らかいグラスファイバー組織のネットもある。計測して必要な分だけ切り、垂木の間の上枠および野地板に取り付ける。垂木にも密着させられるように、少々余裕をもって切ろう。

防風シート

骨組みに対して水平に、防風シートをタッカーで取り付ける。柱のうちの一本から始めて、サウナ小屋を防風シートで覆う。友人の助けを借りて、自分が留めている間、シートを引っ張った状態で持っていてもらおう。防風シートの取り付けを始めた柱から下に降りていって、根太に沿って10cm間隔でタッカー針を打ち込む。シートで覆う柱一本につき二、三本のタッカー針を使う。次の一枚は最初の一枚に端を約10cm重ねる。継ぎ目ができる場合には柱の上にくるようにし、端を10cmずつ重ねる。ドアや窓の開口部も覆っておく。そうすると作業の間は雨風から保護されるだろう。垂木の間の隙間には被せないでおく。

胴縁

骨組みが防風シートで覆われたら、今度は胴縁を取り付ける番だ。単純に言えばこの胴縁のおかげで外装パネルの後ろに通気層ができ、雨や結露による湿気を乾燥させることができる。

必要な建材と工具

- 拡散解放型の防風シート 20㎡
- 防虫ネットーロール　20cm幅
- 胴縁25×38mm、約45m
- 2.8×75mm丸釘または 4.5×50mm木ネジ
- タッカーとタッカー針
- 水平器
- ナイフ
- ハンマー
- ドライバドリル、ビット

ネットは隙間がないように注意する

垂直方向のパネルを取り付けるなら、胴縁は水平方向に設置する。下から始め、根太に沿って釘またはネジで留めながら四方の壁を一周する。完全に水平に設置されているかどうかを確認するため、水平器を使う。胴縁が角で重なっているように考慮する。そうすれば外装パネルには全体的に支えができる。もし継ぎ目を入れる必要があるなら、柱の上にくるようにしよう。そうすればどちらの板にも支えができる。約60〜80cmの間隔で下から上に向かって胴縁を取り付け、最後の板は上枠に留める。モールディングを釘で留められるように、ドアと窓の開口部の上下端部にも短い胴縁を取り付ける必要がある。壁を大和張りにするならその約10cm上と下にさらに二つの短い胴縁を付け、上層側の板を留める。

もし水平方向のパネルを取り付けるなら、胴縁は垂直方向に設置する。柱に沿って60〜80cmずつ間隔をあけて胴縁を設置する。こちらの場合にも正確を期して水平器で確認した方がいい。

防風シートをピンと張って留める

Spika ytterpanel
外装パネルを釘で留める

建物が様々な気象条件から保護されるようになる

外装パネルの役目は、サウナ小屋を日光や雨や雪から保護することだ。パネルの外見は様々であり、釘で留めてもいいしネジで留めてもいい。経年劣化したら取り替えられる。友人と二人でやれば、作業がはかどり一日で終わるだろう。小屋が様々な気象条件に耐えられるようにパネルで覆ったら、後はできあがりまでのんびりと作業が進められる。外装パネルの取り付けが終わったら、今度はドアや窓の設置ができる。そうしたらサウナ小屋は完全に雨風などから守られることになる。もう少し後に延ばしたいと思うなら、開口部を防水シートで覆っておこう。

準備

安全な作業環境は重要だ。ぐらぐらしていたり錆びたりしているはしごは使わず、ひとりが高所で作業をしている時は必ずもうひとりがはしごを支える。地面が平らではない場合は、足場を作る方が安全だろう。大引きに足場を留めて、全ての対角線にはすかいを設置する（次のページの写真を参照）。

コーナーパネルの合わせ目が対称になるようにするには、妻壁の表側と裏側のパネルを先に設置する。またはそれを逆にしてもいい。

壁3と4

私はちょっとウォーミングアップをしたかったのと、屋根の傾斜やドアや窓を考慮に入れるのを省くため、壁3から開始した。換気がうまく作用するにはパネルが壁一面を覆っていない方がいい。そのため屋根とパネルの間に1cmの隙間ができるようにする。

角から始め、妻壁の板と高さを揃えてパネルを垂直に設置する。垂木に合わせてパネルを計測し切り込みを入れる。ジグソーを使うと作業が楽だ。垂木の幅が4.5cmであっても、切り込みは少々余裕をもって5cm幅にするといい。そうするとパネルを調整する時にゆとりが生まれる。パネル板は一枚につき釘二本またはネジ二本で胴縁に留める。パネル板の端から約1.5〜2cmの部分に釘を打つと、割れるリスクが減る。もし私と同じように14.5cm幅のパネルを使う場合、9.5cmずつ隙間をあけて板を10枚使うとちょうどいい。

私のサウナ小屋では、長さは232cmだった。ただしそれぞれ自分の小屋に合わせて計測をする方が確実だ。

続いて反対側の壁を作ろう。この本では壁4だ。こちら側も屋根とパネルの間に1cmの隙間をあける。再び角から始め、垂木に合わせて切り込みを入れ、釘かネジで留める。その後は窓開口部の両側にパネル板を設

必要な建材と工具

- ☐ 表面加工された板
  約20㎡＋余剰分
- ☐ 丸釘2.3×60mm
- ☐ 丸釘2.8×75mm
  または外装パネル用ビス
- ☐ 卓上スライド丸のこ
  またはハンドソー

- ☐ ジグソー
- ☐ メジャー5m
- ☐ 折り尺
- ☐ ペン
- ☐ ハンマー
- ☐ ドライバドリル、ビット
- ☐ ドリル　2mm

- ☐ 水平器
- ☐ ツールベルトまたはネジや
  釘用の、使いやすいポケット

垂直方向のパネルを留める水平の胴縁

下層側の板

置する。角から開口部までパネルで覆っていき、その後
窓開口部の上下に、パネル板を同じ間隔で留めていく。
水平器を使って屋根までの距離を計測することを忘れず
に。コーナーパネルから窓の開口部の間にまだ板を入
れる余裕があるなら、さらにパネルを留める。

壁1と2

　妻壁の形を屋根と合わせるにはパネルを斜めに切っ
ていく必要がある。設計図の通りにするなら傾斜は6
度だ。その場合卓上スライド丸のこのターンテーブル
をそれに合わせて設定すればいい。まず端材で試し切
りをし、外壁と屋根に合わせてみて調整する。正確に
垂直になっているかどうかを水平器で確認する。

　パネルを斜めに切断する時は、木口が正しい方向に
傾斜していなければならないので集中力が必要だ。私
にとっては建築物が見えるような方向にのこぎりが向
いていると、一番使いやすい。そうするとその板がど
こに取り付けられるのかを簡単に思い浮かべられるか
らだ。もちろん時には間違う。運がよければ間違って

カットしたものが反対側の妻壁に合うかもしれない。

　妻側ではパネルはどれも長さが異なる。正しく切断
する方法のひとつは、きちんと計測することだ。まず
大和張りのパネルの、土台側の板同士の間を計測す
る。その後各板の高さを計測する。もし二人で作業し
ているなら、ひとりがのこぎりで切断し、ひとりがネ
ジまたは釘で留めるというように、スムーズに作業を
進めることができる。また別の方法は、妻側のパネル
を長いままにしておいて、上端を正しい角度で切断す
ることだ。設置した後にこれらの板を、15度の角度
に設定したプランジ丸のこまたは丸のこで一気に切断
する。まっすぐなラインで切断したい時にはシステム
バークランプか補助スタンド、またはレーザー墨出し
器が役に立つ。

　どの方法を取ろうと、妻側のパネルの設置はそれぞ
れの角から始めよう。壁3と4のパネルは端と端とを
合わせる。胴縁に留める他、これらのパネルは互いに
釘で留め、隙間のないコーナーができるようにする。
各パネルの全長に40cmずつの間隔で下穴をあけてい

コーナーパネルの合わせ目に下穴をあける

窓の開口部の上と下に下層側の板を均等に設置する

き、長さ約5cmの釘を使う。ドアのある妻壁では窓
の開口部と同様に作業し、コーナーができあがり次第
開口部に沿ってパネルを設置する。角からドアまで、
大和張りの下層側のパネルを均等に設置していく。

上層側のパネルを釘で留める

　下層側のパネルの並びが収まったら、上層側のパネ
ルを小屋の四方を一巡して取り付ける番だ。こちらの
パネルは既に設置したパネル（下層側のパネル）と同
じ角度でドロップネーサ（p16、36参照）にする。釘が
下層側の板のちょうど間にうまく入ると、左右どちら
のパネル板もそれぞれ伸縮し、そうするとひび割れの
リスクが減る。ドアと窓の開口部の上下は上層側の板
を張るのを待ち、モールディングを設置してから取り
付ける。

最後の上層側のパネル

Skruva kortlingar
横木をネジで留める

骨組みが完成する

壁板が全てネジで留められた後で、まだ断熱材が設置される前に横木を入れて骨組みを完成させる必要がある。横木とは単純に、柱の間に水平に留める45×95mmの角材だ。これがあるおかげで、サウナベンチの土台用板や換気装置カバーの枠を内装パネルだけで支えずに済む。サウナ小屋の中にサウナシェルフがあった方がいい場合、その棚と内装パネルの双方を留める横木も何本か必要だ。

計測する

サウナベンチの高さは天井高で決まる。上側のベンチに人が余裕をもって座るには、天井からベンチまでは90〜110cm必要であり、下側のベンチは上側のベンチから40〜45cm下方に取り付けるのが一般的だ。自分で計測し、試してみてほしい。天井の板が厚さ約3cmで、サウナベンチの角柱が高さ12cmであることを計算に入れよう。私はこの設計図のとおりに横木を設置する。その場合ベンチの高さは床上44cmと88cmであり、上側

必要な建材と工具

❏ ネジ5×90mm
❏ 卓上スライド丸のこかジグソー、
　またはハンドソー

❏ 折り尺とペン
❏ ドライバドリル、ビット
❏ 水平器

❏ ハンマー

材木リスト

横木45×95mm:
❏ 55.5cm、五本
❏ 40cm、一本

❏ 棚が欲しいかどうか、どこに設置するかによって、一〜二本

❏ 排気口をどのように設置するかによって、25cm、一〜二本

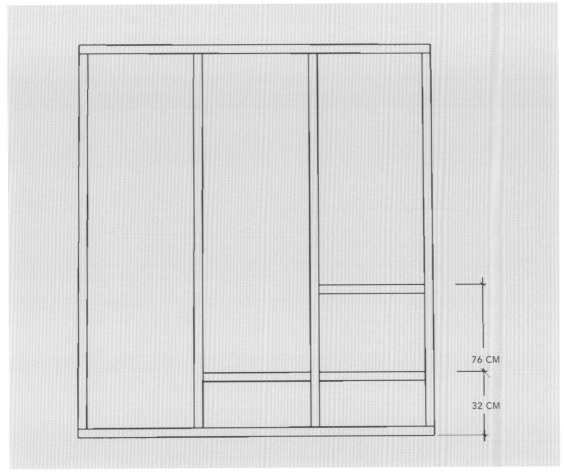

76 CM

32 CM

サウナベンチの高さは様々だ。横木をこのように設置するなら座面の高さは
下側のベンチが床上44cm、上側のベンチが88cmになる

のベンチから天井までは約100cmになる。

　床から計測し、柱の横木の上端を設置する位置に線を引く。横木を設置する時には最低でも片方の端部はネジを斜めに留める必要がある。まず片側のネジを柱越しにまっすぐに留め、もう一方の端部ではネジを斜めに留めると簡単だ。横木の両端をネジ2本で固定する。

　サウナシェルフが欲しいなら、この段階でシェルフ用の横木を設置する。私は窓より27cm下、ストーブよりもドアの近くに付けた。

　換気システムのシャフトも横木で区分することになる。壁の上の方に換気システムを設置するなら、換気システム用の横木は上枠の10cm程度下に付ければ十分だ。もっと下の方に設置するなら、床から下側の横木の上端

までは50cmにするのが一般的だ。そこから上に10cm計測し、上側の横木を設置する。上側の横木は暖気が背後を抜けて換気システムの外側ガラリへと流れるように側(そば)を上にする。換気システムについての章には、この他に二つのバリエーションが載っている。

Montera dörr & fönster

ドアと窓の取り付け

ドア枠／窓枠、上枠・たて枠、モールディング、水切り

ドアと窓の取り付けには少々忍耐と慎重さを有するが、そのご褒美はこのサウナがまるで完成したように思えることだ。内装パネルを取り付けたら、上枠・たて枠とモールディングの番だ。

準備

開口部を覆う防風シートを対角線に沿って切り開き、そこで垂れ下がる部分を折り込む。板の小片二枚を外部開口部の、二ヵ所の上端に斜めに留める。これらの小片は作業をしている間に窓枠が落ちるのを防ぐストッパーになる。この小片はドアや窓の蝶番と重ならないよ

うにある程度高い位置に取り付ける。ドアまたは窓のかまちは窓枠から外し、そばに置いておく。

設置

窓枠を持ち上げ開口部にはめ、ストッパーが押さえになるように窓枠を押し込む。窓枠が、開口部の屋内側から屋外側までの奥行き中央に位置するように注意する。窓枠の合わせ目を全て、水平器で確認する。屋内方向の傾斜を慎重に計測する。ストッパーがかかっていても、調整する必要はあるかもしれない。水平や垂直にする必要がある部分では、くさびを打ち込む。それをすると、例

必要な建材と工具

- ❏ ドア
- ❏ 窓
- ❏ 窓の水切りと敷居の水切り
- ❏ 約30cmの板の小片二枚
- ❏ 木ネジ5×90mm
- ❏ なべ頭木ネジ4.5×20mm
- ❏ 仕上げ釘1.7×35mm

- ❏ 余剰のバスパネル（プレナー掛けをし本実加工を施した板。内装パネル、天井パネル、床用パネルなどに使う）
- ❏ くさび
- ❏ 水平器
- ❏ ハンマー
- ❏ ドライバドリル、ビット
- ❏ システムバークランプ付きの丸のこ

- ❏ 隙間の詰め物、麻あるいは羊毛
- ❏ 大きめのノミ、またはチゼル
- ❏ ポンチ
- ❏ トング（ニッパー）
- ❏ 卓上スライド丸のこまたはマイターボックス
- ❏ 金切りばさみ、またはディスクグラインダー

材木リスト

- ❏ 屋外側のモールディング22×120mm、長さはドアと窓に合わせる
- ❏ 屋内側のモールディング約15〜20×60〜90mm
- ❏ 窓の上枠・たて枠は余剰のバスパネルまたはプレナー掛けされたパイン材で作ることもできる。

モールディングは窓とドアの周りに、大和張りのパネルよりも前に設置する

えば窓枠の下部板を水平に留め、その後に両サイドの板を垂直に留めたり、またはドア枠の片方のサイドを垂直に留め、その後残りの三方を調整したりするのが楽になる。

窓枠の四方をネジ留めする。窓枠と骨組の間に隙間ができる場合、窓枠が歪んだままネジ留めをしないように、くさびで埋める。ストッパーを外して窓のかまちやドアをはめ、開閉が問題なくできるかどうかを点検しよう。防風シートの余った部分をタッカーで窓枠に留める。くさびの突き出た部分を小屋組の高さに合わせて切り落としたら終了だ。窓枠と骨組の間にチゼルかノミ、または切れの悪いナイフで詰め物を押し込む。後に透湿防水シートまたはフォイル断熱バリアを設置する時には詰め物の入っている隙間も覆う。

屋外側のモールディング（化粧パネル飾り）

ドアと窓の周りのモールディングは、窓枠とパネルの合わせ目を隠すためにある。合わせ目を整えるため、一部調整しなければならない。そのため板をそれぞれネジで仮留めし、簡単に外せるようにしておく。モー

ルディング上部の板から計測と設置を始める。この板は、縦方向のモールディング板よりも約1cm横方向にはみ出すようにする。水平に取り付け、2cm程度窓枠が見えるように残しておく（窓が引っかかることなく、外せるかどうか二重確認する）。

左右のモールディングを、窓枠から等分な距離で設置できるように計測する。左右のモールディングの間に入る下部のモールディングより1〜2cm程度下にはみ出すような長さにする。窓下部の水切りを窓枠に設置することを念頭に置いておこう。窓枠が2cm見えるようにしておけば十分だ。自分のサウナ小屋に大和張りを選ぶなら、上層側のパネル（カバーボードまたはカバーロッド）を重ねて設置する。窓の上下で大和張りの列を揃え、壁面が調和して見えるようにする。

窓用の水切り＆敷居の水切り

スウェーデンのホームセンターで買える水切りの多くは一番上部が後方へ直角に折ってあり、一般的な現代建築の窓枠の下にはよくある、溝にはめ込めるよう

正しい位置に来るまで沓摺を叩く

沓摺を仕上げ釘で留める

になっている。溝がない場合、その部分を切り取るかニッパーで後ろに折りこむ。水切りは1m〜数mの長さで販売されている。そのため設置に向けて戸口または窓の左右のモールディング間の幅（沓摺または窓敷居の長さ）をまず計り、そこに両端に加える折り返し分の2cmを足す。長さが決まったら金切りばさみ、またはディスクグラインダーで水切りの余計な部分を切り落とす。続いて印線を引くため、両端から1cm内側のところに、ナイフで端と平行に線を刻み入れる。水切りの一番下部の傾斜している部分の両端を印線に沿って切り落とし、続いて上に折り上げる部分の角を印線から外側に向かって三角に切り落とす。水平に引いた印線を上にして水切りの表面を背（裏面を表）にひっくり返し、縁が直角の頑丈な台などの端と印線が重なるようにして置き、90度に曲がるまで端を叩く。水切り後方の折り返し部分の角を折り入れ、上部を金切りばさみで整える。もう一方の端も同様にする。頭の大きな釘またはナベ頭の木ネジで水切りを沓摺または窓敷居に留める。

戸口の沓掛と窓に水切りを奥から手前に向けて下り傾斜になるように設置する。そうすると雨水は外壁から離れるように誘導され、パネルやモールディングの寿命が延びる。

窓台と上枠・たて枠

ドアや窓の枠組は、周囲の壁よりも薄いことが多い。おそらく窓枠の周りには胴縁や骨組みの一部が見えているだろう。これらを隠して見栄えのいいフレームの役目を果たすのが上枠・たて枠で、窓やドアの上側から横の部分全体に設置する。窓の下の部分には窓台を設置する。ここはわずかながら小物を置ける空間になる。窓台はサウナベンチ用板の端材、上枠・たて枠は余ったバスパネルで作ることができる。プレナー掛けされたパイン材で作るのも手だ。

上部から始めて開口部の長さを計測する。その後窓枠から内装パネルの内側までの、左右の一番離れている部分の長さを二ヵ所計測する。窓枠と壁がそれぞれ異なる方向に傾いていたとしても、上枠・たて枠はそ

できあがった戸口の水切り

ネジか釘で留める

れを隠してくれる。板に長さと幅の印を入れ、できれ
ばシステムバークランプ付きの丸のこで切断する。仕
上げ釘で留め、それをたて枠でもくり返す。この工程
を、窓枠を支える横木まで続ける。

　窓台は二ヵ所のたて枠の間に取り付ける。内装パネ
ルから最低1cmは外側に出るようにするが、長さは
自分の好みに合わせればいい。窓枠に高さを合わせて
仕上げ釘かまたはネジで留める。

屋内側のモールディング

　上枠・たて枠とパネル間の合わせ目を隠すためには、
モールディングを設置する。私自身はオスさねとメスさね
を削り取った、余剰のバスパネルで製作した。隙間なく
モールディングをはめるかどうかは、人それぞれだ。上
枠・たて枠を1cmずつ見えるように設置する人もいれば、
上枠・たて枠に角と角を合わせて設置するのを好む人も
いる。額縁のようにモールディングが窓を取り囲むように
取り付ける人もいれば、モールディングの下端を窓台よ
りも下げる人もいる。私は上枠・たて枠に角と角を合わ

せて設置し、下端を窓台よりも下げることにした。

　上側のモールディングから始め、長さを慎重に計測
しよう。しっかり削った鉛筆で印を付け、卓上スライド
丸のこまたはマイターボックスを使って45度の角度で
切る。この時に印線の左右どちらを切るのかを間違い、
板が短くなってしまうのはよくあることなので、入念に確
認する。長さが合っているかどうかを確認し、何本かの
仕上げ釘で留める（私は通常まず中央を留め、それから
水平器でモールディングを計測する）。モールディング
の両端に列に沿って仕上げ釘を打ち込む。モールディン
グは調整する必要があるかもしれず、釘頭を簡単につ
まめるようにしておくと楽だ。

　左右のモールディング板を計測し、カットしよう。モー
ルディングの合わせ目がきちんとはまるかどうかを確認
し、仕上げ釘で留める。窓や窓台の下のパネルの合わ
せ目が揃っていない場合、ここに額縁用の細い板を入
れよう。短いバスパネルを丁度いい幅にたて引きし、窓
用モールディングの間にはめ込んでもいい。ドア用モー
ルディングは小口が水分を吸い上げないように、床より

窓の上枠は壁とぴったり合わせる

斜めに切った窓のモールディング

0.5cm上に下端が来るようにする。満足したら仕上げ釘で全体的に留めていく。モールディングにハンマーの跡が付くのを避けるため、ポンチを使おう。

ドアロック

　サウナ小屋のドアはロックケースを付けずに設置するため、ドアを閉めておくには、何か他の手を考える必要がある。食器棚についているようなマグネットキャッチを付けて磁力を利用するのもいい。皮の小片を戸当りとドアにつけ、摩擦を利用してもいい。ドアを閉めておくその他のメカニズムは引力の法則だ。片方の端に重りを付けたロープが、ドアが簡単に開いてしまうのを防ぎ、誰かが通った後にドアを引っ張って閉めてくれる。さらに建具専門店には自動的に閉まる蝶番や、単純な作りの様々なタイプのローラーキャッチが売っている。

重りをつけたドアロック

Isolera

断熱材

熱を逃がさないようにしよう

新築の建物に断熱材を入れる作業をすると、満ち足りた気持ちになる。おそらく家には断熱材の大きな荷物が届き、サウナ小屋の壁内部をそれで満たしていくことになるだろう。選んだのが天然繊維断熱材であるかミネラルウールであるかにかかわらず、充填方法はほとんど変わらない。透湿防水シートまたはフォイル断熱バリアで断熱材を覆う前に、将来そのサウナ小屋の管理をする人へメッセージを書くのを忘れずに!

壁の断熱

断熱材の素材は設置する空間よりも少々大きく、通常は56.5cm幅の板状になっているが、柱間の長さは標準的に55.5cmだ。それとは異なる場合は、柱間の距離の長さに1cm足した幅に断熱材を切る。

壁に断熱材を入れることから始めよう。断熱材は骨組みの内部と同じ高さにする。断熱材を測定しながら切断していく。乾燥した日なら屋外に防水シートを敷いて、作業をする人がその上に立てばいい。端材を取っておけば、後で使えるだろう。桁に合わせて断熱材に切り込みを入れるが、ミリメートルまで合わせる必要はない。換気システムのシャフトには断熱材を入れずにおく。

換気性のいい屋根

壁の断熱を終えたら、おそらく断熱材の梱包が二つと端材が少々残るだろう。作業する空間が確保できたら、今度は屋根を断熱する番だ。外壁と同様に屋根にも湿気を乾燥させる通気層が必要だ。板を長さ180cmに切断していく。2.5cmずつ板の間隔をあけながら長辺を野地板に押しつけ垂木にネジで留めていく。屋根に留めたくなるかもしれないが、ネジがルーフィングシートを突き破って穴をあけてしまうリスクがあるので、こらえてほしい。

垂木の間にぴったりはまるように、メゾナイトを計測して切る。滑らかな面を上に向け、タッカーかルーフィング釘で板に留める。これで屋根は通気性が良くなり、断熱材は入ってくる湿気や汚れから守られる。

断熱材を屋根に留めておくのが難しい場合は、仕上げ釘と鋼線を使うといい。垂木に沿って仕上げ釘を打ち、その間に鋼線をジグザグに渡す。

透湿防水シートまたは
フォイル断熱バリアを取り付ける

続けて透湿防水シートまたはフォイル断熱バリアに移る。屋外側の防風シートと同じように透湿防水シー

必要な建材と工具

- ❏ 厚さ95mmの断熱材、20㎡
- ❏ 未処理の3mm メゾナイト 240×122cm 二枚 または60.5×122cmのもの 五枚
- ❏ 23×36mmのラス板12m
- ❏ 透湿防水シートまたは フォイル断熱バリア 20㎡
- ❏ ダクトテープ 一、二ロール
- ❏ 仕上げ釘1.7×35mm
- ❏ 断熱材カットソー
- ❏ タッカーとタッカー針
- ❏ ハンマー
- ❏ 細い鋼線
- ❏ カッターナイフ
- ❏ ミネラルウールを選ぶなら長袖の服、手袋、それに防塵マスクが必要

断熱材カットソーで分ける

両手全体を使って押しつける

トまたはフォイル断熱バリアの一枚一枚を柱と交差するように張っていく。継ぎ目の部分やシートかフォイル同士を10cmずつ重ねるのも基本的には防風シートと同じだ。屋根と壁の境目もそれは同じだ。防風シートと同じように、二人で作業をすると楽だ。ひとりが伸ばし、ひとりがタッカーかまたはルーフィング釘で留めていく。天井を覆っていくのは、内側からクリスマスプレゼントを包装するように感じる。透湿防水シートまたはフォイル断熱バリアは内側の角の部分では格好良く折り込む必要があり、少々パズルを組み合わせるような技術が必要だ。角が丸まったりしないように、壁にぴったり押しつけきれいに折り込むように努力しよう。換気装置のカバーや埋め込み棚が設置される予定の部分の周囲にある横木にもシートを留めていき、後からくり抜く。継ぎ目を全て養生テープで貼りつけて終了する。さらにシートまたはフォイルの端部を開口部に貼りつける。モールディングを設置した時に見えていることがないように、できるだけ窓枠やドア枠の上にテープがはみ出さないようにしよう。

作業を進める前に未来の持ち主に向かってあいさつを

角は接着し、釘打ちする

角度に気をつける

釘打ちの前に下穴をあける

完成した棚

Snickra bastuhylla

サウナシェルフ作り

必需品の収納

実はサウナには、すのこベンチ、バケツ、杓、ストーブ以外のインテリアは必要ない。サウナで会話が弾むのは、ミニマムなラコニウム（身体がゆっくりと温度を上げるように設計されたサウナ）のお陰かもしれない。だが、石鹸やブラシ、マッチを収納するスペースは必要かもしれない。壁に棚を組み込むことで、室内のスペースを取らず、床にも物を置かずに済む。サウナシェエルフの準備は、横木のページで紹介する。

切断、接着、釘打ち

まずはシェルフの枠を作ろう。板をのこぎりで切る前に、切断する箇所にテープを貼っておくと、仕上がりがきれいだ。寸法通りに切断したら、二本の長い木材を手に取り、端から1cmのところに二ヵ所印をつける。その印の場所にあらかじめ下穴をあける。短い方の木材を取り、片方の小口に接着剤を刷毛で塗る。長い方の材木に対して（先ほどの）木材を垂直に置き、できれば動かないようクランプで固定し、端と端が重なるようにする。スコヤを使って、内側の角が直角になっているかどうかを確認する。仕上げ釘をあらかじめ開けておいた穴に打ち込む。L字型が二つできるように繰り返し、接着剤と仕上げ釘で接合する。内側の角の角度を確認し、余分な接着剤を湿った布で拭き取る。

できあがった枠には背板が必要なため、下穴をあけた上で、余剰の板材の上端と下端に釘を打って留める。スコヤを使い、板材が突き出ないようにする。

接着剤の残りをサンドペーパーで落とし、サンドペーパーとサンディングブロックで全ての接合部をひと通りやすりがけする。支柱の間に棚をはめ込み、楔（くさび）で位置を調整する。パネル片を胴縁に当て、棚板がその胴縁と同じ高さになるか、1〜2mmはみ出るように配置する。上下の横木に仕上げ釘で固定する。

必要な建材と工具

- ❏ スタンド付き卓上スライド丸のこ、ハンドソーまたはジグソー
- ❏ 耐水性木工用接着剤
- ❏ ハンマー
- ❏ 仕上げ釘 1.7×35mm
- ❏ クランプ
- ❏ スコヤ
- ❏ 折り尺、鉛筆
- ❏ テープ
- ❏ ドライバドリル
- ❏ 2mmドリルビット
- ❏ 目の細かいサンドペーパー、サンディングブロック
- ❏ くさび

材木リスト

プレナー掛けされたパイン材 21×95mm（またはオスさねを取り除いたバスパネル）:

- ❏ 支柱間の幅マイナス2cmの長さの板材 二本
- ❏ 横木の高さマイナス6cmの長さの板材 二本
- ❏ バスパネルの端材

Spika innerpanel
内装パネル材の固定

天井、壁、廻り縁、巾木（はばき）

サウナの壁材は、水平または垂直で、アスペン、アルダー（オルダー）、スプルース（スプルス）であったり、様々である。大型サウナの端材としてみつけた美しいアスペンの板材は、この小さなサウナ作りにぴったりだった！　内装パネルは、ほとんど目立たない小さな仕上げ釘で取り付けた。完全に（表から）見えない留め具は、パネルクリップと呼ばれている。

室内の天井

屋内にパネルを設置する際、壁ときれいにまじわりやすくするため、まず天井から始めるといい。パネルを垂木と同じ方向にするか、垂木と交差する方向で貼るかは自由だが、調和のとれた部屋にするためには、床と同じ目地に天井パネルを設置するのが鉄則とされている。まず、板野縁（天井パネルなどを張るための下地の骨組となる板材）をカットし、天井の垂木にネジで固定することから始める。私のサウナ小屋では、スチールワイヤーを思い切り締めても、断熱材がポットベリー・ピッグの腹のように垂れ下がっていた。もし似たようなことが起きた場合、二枚の板野縁をぴったりと重ね合わせて天井の垂木に設置すると効果的だ。あるいは一段目の板野縁を垂木に重ねてネジ留めし、その上に二段目を一段目と交差するように留めるといい。ポイントは、透湿

防水シートと天井板の間に隙間を作ることである。次に壁用の胴縁を設置しよう。床から1cmの高さに水平に取り付けることから始める。こうすることで、掃除や洗濯の水から保護することができる。続けて、全ての壁に約60〜70cm間隔で胴縁を設置していく。通気口と棚の設置の周囲にも内装パネルを張れるように、そこに多めに胴縁を設置することを忘れずに。

サウナの内寸より1〜1.5cm短くなるように、天井パネルの寸法を測ってカットする。天井の垂木を覆うように天井パネルを張っていく場合は、一番低いところからはじめ、一番高い場所に向かって作業をする。最初に張るパネルのメスさねが壁側にくるようにし、なおかつ壁と並行になるよう確認し、オスさねに仕上げ釘を深く打ち込んで留める。パネルクリップを使う場合は、その逆で、（天井板の）メスさねの方に釘打ちをする。次の板を張る際、引っかからないように、仕上げ釘を斜めに打つことが重要だ。ここで、壁板で隠れる部分となる天井板の壁側の端を、あらかじめ細いビス数本で止めておくと、天井板を固定できる。

次のパネルを取り付ける前に、床や野地板を張った時と同様に、ブロックを準備する必要がある。一枚目のパネルの余剰部分で十分だろう。それを使って、次の一枚を叩き込んで取り付ける。上に向かって作業を続

必要な建材と工具

- □ 板野縁 12×48mm、約55m
- □ バスパネル 22㎡＋端材となる分
- □ ステンレス軸細コーススレッド 4.2×42mm
- □ ステープルガンと長さ25mmの仕上げ釘または仕上げ釘とドリフピン／ポンチ
- □ ハンマー
- □ 巻尺5m
- □ スライド式Tベベルゲージ
- □ 卓上スライド丸のこ

まずは天井から作業を開始し、続けて壁へ

け、パネルを一〜三枚程度張るたびに進行方向側の両端から壁の奥までの距離を測る癖をつけておくと、斜めになったとしても調整できる。終わりに近づいたら、最後の一枚を縦挽きし幅を調整してから取り付ける必要が出てくるだろう。この場合も、壁の胴縁と内装パネルのせいで少々壁に厚みが出ることを考慮し、最初に測った幅より0.5cmほどカットし短くしておくと取り付けが楽になる。通常は、最後の天井パネル二枚を組み合わせてから、同時にはめ込む方がスムーズにいく。

壁

続いて壁3の作業に入る。他の作業を始める前に、まず換気口用のコンセントの高さと幅を測っておき、内装パネルの設置後もどこにあるか分かるようにしよう。それから、パネル用の板材を同じ長さに数枚カットしておく。天井側の小口は木表から後ろ側に斜めになるよう6度の角度でカットし、天井パネルとぴったり合うように接合面の上端を鋭くする。内装パネルの下端は、水を吸わないよう床面より1〜2cm高くしておく。その隙間は最終的に、床の巾木で隠れることになる。

まずは一枚目のパネルを、オスさねに釘を打って設置しよう。パネルを天井と隣の壁に押し付け、仕上げ釘一本で留め、水平器で測る。胴縁一枚につき仕上げ釘一本でパネルを設置し、そのまま端まで作業を続ける。必要に応じて、最後のパネルは縦引きをして幅を調整する。

続けて、壁1、壁2に取りかかる。図面通りなら、天井の勾配は6度のはずだ。卓上スライド丸のこをセットし、若干、（寸法より）長くなるように壁板をカットする。床から1〜2cmの高さになるようカットする。端材は、ドアの上部に取り付ければいい。下端に仕上げ釘二本を打ち固定する。

壁2のドア、壁4の窓の開口部分まで、内装パネル

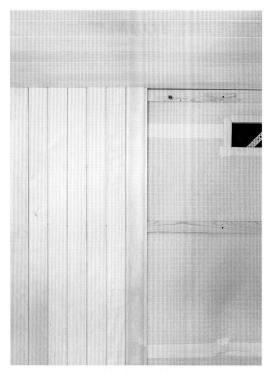

内装ができてきた

折り尺をスペーサーとして使う

を釘で取り付ける。

サウナシェルフ

サウナシェルフを作る際、内装パネルとの接合方法は二種類ある。棚の周辺が完全に密着するようジグソーで丁寧にカットする方法と、それが難しい場合は、モールディングのように、棚に額縁を施して隙間を隠す方法とがある。額縁は、バスパネルを好きな幅にカットして作ることができる。

廻り縁と巾木

壁と天井の合わせ目に満足できない場合、解決策として廻り縁と呼ばれるものがある。サウナでは、隙間をカバーするのに十分な厚みさえあれば、本実加工をカットしたバスパネルよりも複雑なものである必要はない。（バスパネルを）一番効果的な方向に設置する。角の部分は、留め継ぎが必要になるため、スライド式Tベベルゲージと卓上スライド丸のこが手元にあると非常に便利である。まずは、端材二本で練習してみよ

う。調整しつつ、慎重に寸法を測りながら、忍耐強く！巾木は、バスパネルの残りで作る。オスさねをカットする（必要であれば、のこ刃を約30度に傾け、少し面取りをする）。コーナーでは面取りをしていないパーツを使う場合は、巾木同士を直角に合わせるが、面取りがある場合は、きれいに接合するように合わせ目に45度の角度で斜角をつける必要がある。床と巾木の間に折り尺を挟み、下から空気が入るようにする。こうすることで板材を乾いた状態に保ち、余分な水から保護することができる。巾木を留める際は、仕上げ釘かビスがパネル越しに（奥の）胴縁まで貫通するようにする。ドアの部分では、巾木をドアのモールディングの手前まで伸ばし、接合する。

Ventilera

換気

給気と排気

きれいな壁板が貼られると、そこに穴を開けるのは気が引けるものだが、避けられない作業だ。高温多湿の空気はどこかへ排出しなければならない。私はサウナストーブの斜め向かいの高い位置に換気口をつけることにした。既製品のサウナ用換気口も販売されているが、自分で作るのも難しくはない。既製品を購入するのであれば、プラスチック製は変なにおいがしはじめるし、金属製のものはサウナの中で非常に高温になるため、木製を選ぶといい。

準備

まず、換気シャフトの開口部の位置を測る。内側の角から測る場合は、胴縁と内装パネルの厚みを除くことを忘れないようにする。シャフトの端から5cmほど内側に、穴を開ける印をつける。必要に応じ、先に小さい穴をあけておくと、ホールソーのスパイラルドリルが穴をあける位置をスムーズに"見つける"ことができ、確実に思い通りの位置に穴がくる。穴あけは高速回転で行うが、あまり強く押しつけるとホールソーが挟まったり引っかかったりしやすくなるので、注意する。開けた穴の縁は、鋭利な彫刻刀かサンドペーパーで丸く整える。

室内からの穴あけを終えたら、今度は外壁側から穴を開ける。穴を開けた室内から防風シートと外装パネルに貫通するよう長いビスを打つと、正確な位置を把握しやすい。外装パネルが重なっているところにビスが貫通した場合は、屋外の換気口の位置を左右に調整する。(室内と)同様にドリルで穴をあける。穴あきバンドがその場所を通っていても、空気はなんらかの方法で外

必要な建材と工具

- ❏ 6mmのベニヤ板　10×10cm（バーチ材など）
- ❏ 80mmホールソー
- ❏ 長いネジ一本
- ❏ 平型換気口 80mm
- ❏ 場合により、予備の防虫ネット
- ❏ ドライバドリル、ビット
- ❏ 仕上げ釘 1.4×25mm

- ❏ ハンマー
- ❏ 折り尺
- ❏ 鉛筆
- ❏ ドライバドリル とビット
- ❏ カービングナイフ
- ❏ ドリル 2mm
- ❏ 木工用ボンド

- ❏ サンドペーパー
- ❏ 水平器

材木リスト

巾木8×21mm：
- ❏ 25cm、二枚
- ❏ 8cm、一枚

巾木8×33mm:
- ❏ 25cm、二枚

穴あけ前に丁寧に測定する

シンプルな換気口

へ排出されるし、外装パネルの後ろには胴縁があるため誤って金属に穴を開けることはまずないので、気にする必要はない。屋外の換気口に防虫ネットがない場合は、自分で（防虫ネットを）カットして取り付ければいい。

換気口を作る

　まず、一番短い巾木の端材でハッチの取っ手を彫るところから始める。あなたにとってはつまみの方が好みかもしれない。それは自分で決めよう。ベニヤ板の表と裏を確認する。彫刻刀かサンドペーパーで全ての角を丸くする。ベニヤ板の裏側を上向きに置き、中央に線を引く。取っ手の形に合わせて穴をあける。つまみなら釘は一本で足り、長い柄のものなら釘は二本必要になる。あらかじめ穴を開け、取っ手の接着面に接着剤を塗ってから、ハッチの裏側から仕上げ釘を打ち、固定する。

　次に、換気口の枠を作る。幅が狭い方の巾木の端材を一本、壁の端まで届くよう、ドリルで開けた穴の1cmほど下の高さで水平に釘打ちする。幅が広い方の巾木を一本、先ほどの巾木の上に重ね、両方の（巾木の）下端を合わせた後、幅広の巾木が1cm強上に出るようにして釘打ちする。できあがった溝にハッチをはめるようにして取り付け、ハッチから数ミリ離れた位置に、ハッチ上部の巾木を取り付けられるよう印線を引く。水平器を使って測り、下と同じように取り付ける。ハッチをスライドさせ、スムーズに動くかどうか確認する。

Bygga lavar

ベンチ作り

サウナベンチを作る時

このベンチは、サウナに適した木材を使用した座面、それを乗せる頑丈な角材でできたフレーム、そして、そのフレームを支える壁に取り付けられた土台用の横木という三つの構造から成り立っている。ベンチは奥行き50cm、少なくとも大人三人以上が座ることができる。一番上のベンチには、背もたれを追加してもいいだろう。壁の柱に取り付けたくさび形のブロックと横板が、ほどよい傾斜をもたらしてくれる。

ベンチの座面

なめらかな面を下にし、座面用の板材五枚を並べる。スコヤとまっすぐな板材を使って、板材を平行に並べるようにする。板材の両端に、一本ずつ長さ47cmの松材の桟を板材五枚にまたがるように置く。一番外側の板をネジで固定し、スコヤで桟の位置を合わせ、必要に応じて板材を調整する。桟の小口は、最後の板材の側（そば）から3cm

内側の位置にくるようにする。サウナ用パネルの端材をスペーサーとして使い、板同士の間隔を調整する。各板に二本のビスで桟を固定する。もう一方の端に松材の桟を置き、さらにその間にも等間隔で二本、桟を置く。あまり深く打ちこまないようにしながら、ステンレス軸細コーススレッドで固定する。同様にベンチ二組を作る。

フレーム

もし45×70mmの角材を小口側から見て反っていたら、山側の面が上側および外側にくるように配置する。長い角材の間に短い角材を挟むように並べて、端と端が合わさるようにし、それぞれの接合部分に二本ずつビスを打ってフレームを組み立てる。フレームが長方形になるよう、対角線を測る。中央に横木をはめ込み、両端をビス二本で固定する。フレームを二つ作る。

必要な建材と工具

- ❏ ステンレス軸細コーススレッド 4.2×42mm
- ❏ 木ネジ6×140mm
- ❏ 木ネジ5×70mm

- ❏ 厚さ15mm程度の小さな端材、バスパネルの切り落としで十分
- ❏ 卓上スライド丸のこ、マイターソー
- ❏ スコヤ

- ❏ 折り尺
- ❏ 5m巻尺
- ❏ 鉛筆
- ❏ ドライバドリル

材木リスト

ベンチ用板材28×90mm:
- ❏ 198cm、十二枚
- ❏ 8cm、一枚

角材45×70mm:
- ❏ 198cm、四本
- ❏ 38.2cm、六本

角材45×95mm:
- ❏ 98cm、二本
- ❏ 48cm、二本

プレナー掛けされたパイン材 21×43mm:
- ❏ 47cm、八枚
- ❏ 9.5cm、四枚
- ❏ 15cm、四枚

ベンチ

フレーム

土台用の横木、フレーム、ベンチを配置

土台用の横木

　作ったフレームは、サウナの壁に取り付けられた45×95mmの土台用の横木の上にしっかり収まるようにのせる。短い横木は、上部のベンチを支えている。長い横木の方は、下のベンチを支えている（サウナを客室として使う際は上のベンチを外し、下のベンチの横に並べる）。設定した横木の高さを測って印をつける。まず片方を6×140mmのビスで固定し、水平器で測り、短い方に四本、長い方に六本のビスを打つ。フレームを所定の位置に置き、きちんと収まるかどうかを確認する。両方向に若干の余裕があるはずだ。反対側の壁に土台用の横木を取り付ける際、他の人にフレームを支えてもらうようにする。まずビスをフレームの角に打ち込み、水平器で測る。

滑り止め板とストッパー

　各フレームの前面に設置する滑り止め板は、二つの役割を担っている。すなわち、欠けていたり、節だらけであったり、製材所の刻印がついた角材を隠すこと。

そして、壁に背中を預けた際、前の方の座面が浮き上がってフレームから滑り落ちないよう滑り止めとなることだ。この滑り止め板をフレームの下端と同じ高さになるように、クランプで固定する。そうなると、滑り止め板の端がフレームの上端から1.5〜2cmほど突き出ることになる。この板をフレームの内側から5×70mmのビスで固定する。ビスを深く締めすぎると、先端が貫通してしまうため注意する。

　これでベンチを固定できたが、フレームがずれないようにするため、ストップブロックが必要になる。フレームの後方内側の角に、これらのストップブロックを土台用の横木に対し垂直になるよう取り付けよう。まず、ストップブロックがフレームと同じ高さになるように、横木の前面にスペーサーを設置する必要がある。プレナー掛けされたパイン材を短くカットしたもので十分だ。スペーサーに、ストップブロックとして、フレームと同じ高さになるように15cmの長さのパネルをビスで取り付ける。フレームにベンチの座面をのせる。

Montera ugn & skorsten

ストーブと煙突の設置

暖房と安全

このサウナに初めて入る日が近づいてきた。今度はストーブの設置だ。新しいストーブと煙突のセットには、たいてい分かりやすい説明書がついているため、簡単に取り付けられる。希望すれば、煙突に取り付けるタイプの給湯器も揃えることができる。火をつける前に、自治体へ該当するものを確認すること。

炉壁

サウナストーブは、壁の木製パネルやベンチなど、可燃性の素材に近づけすぎてはならない。その距離はメーカーにより異なる。モデルによっては適合する炉装着型の保護壁があり、安全な距離を大幅に縮小してくれるだろう。古いストーブを見つけた場合、合う遮熱板を見つけるのは難しいかもしれないが、代わりに炉壁で壁を覆ってもいい。断熱二重煙突を設置する場合は、ストーブの後ろの壁だけ保護する必要がある（ただし、煙突から壁までの安全な距離は考慮する必要がある）。遮熱板には、ミネライトや金属製の板がある。これらをストーブの周りの壁に、床から数センチ、壁から数センチ離して取り付ける。そうすることで、炉壁と可燃性の木材との間に空気層ができる。

スペーサーはいろいろな方法で作ることができ、炉壁を壁に留めるビスに短いパイプスリーブを通すのもひとつの案だ。

周囲の壁を守るだけでなく、ストーブ近くの下のベンチの前に小さなフェンスを設置するのも有効だ。これは、サウナ作りで余った端材で作れる。

炉台

ストーブの下の床は、火花や輻射熱から保護する必要がある。既製品の炉台も販売されているが、板金屋に発注したり、自分で作ったりすることも可能だ。鋭利な端や角は曲げたり、ヤスリで削ったりすることを忘れないようにする。私は固定しない炉台にしたことで、床からネジの頭部が出ていないため、木くずを掃除しやすくなった。

煙突の取り付け

設置したばかりの天井に穴を開けるのは、いつもなんだか怖くなる。天井の開口部の中心を見つけるには、まず安全な距離に従ってストーブを設置し、天井から煙道の中心まで下げ振り錘を使って測る。メゾナ

必要な建材と工具

- ☐ サウナストーブ
- ☐ 煙突、少なくとも屋根貫通部に断熱材が入っていて、屋根の棟の上1mの長さのもの
- ☐ 炉台
- ☐ ストーブ用防護壁／壁用防護壁
- ☐ 給湯器
- ☐ ドライバドリルとビット
- ☐ ドリル10mm
- ☐ ジグソー、予備の刃
- ☐ 鉛筆
- ☐ 下げ振り錘（片方の端に石をくくりつけた紐でも十分）
- ☐ ディスクグラインダー

下げ振り錘で煙突の位置を決める

穴はジグソーでカットする

イトや厚紙で型紙を作ると天井の開口部の印が付けやすくなる。断熱された煙道であっても、屋根貫通部の周囲にストーンウールを設置し、耐熱対策をするのを忘れないようにすること。これは煙突と天井パネルの間になければならない。保護メガネをかけ、できれば髪に汚れがつかないよう頭に何かをかぶり、描いた円のどこかに穴を開け、ジグソーで切り取る。

サウナ作りで天然繊維の断熱材を使っている場合は、この穴を開けた際、断熱材の一部を取り除く必要がある。煙道の近くでは、高温耐久の理由から、ストーンウールの断熱材が望ましい。次に、透湿防水シートあるいはフォイル断熱バリアと木製パネルとの間の接合部分をテープで固定する。

最も簡単なのは野地板の上から穴を開けることだ。下げ振り錘を使い、作った開口部の中心を確認し、穴をあける。屋根に登り、先ほどの穴を使って型紙の中心を決め、ジグソーで切り取る。ルーフィングシートでジグソーの刃がすぐに詰まってしまうため、予備の刃を少し多めに持っていくこと。排気口は煙道本体よ

りも大きくする必要があることを考慮し、販売店の説明書に記載されているサイズを確認しよう。スウェーデンでは、煙突の高さの目安は棟から1メートルとされているが、自分の自治体の規則を確認すること。

フラッシングの取り付け

煙突に耐熱ゴム製のフラッシングを通す。はまりにくい場合は、煙突に石鹸水を吹き付けるとよい。フラッシングは、平坦な面（屋根下地か、屋根葺き材の上の平らな板金。屋根の章を参照）にシリコンをたっぷり使って貼り付け、約3.5cmの間隔で金属製屋根ネジで固定する必要がある。煙突の上部に雨蓋を取り付けることを忘れないように。

貫通板を取り付ける

天井の開口部は煙突本体より大きいため、それを覆う必要があり、ストーブのすぐ上の天井は熱からも保護する必要がある。サウナ業者から購入できる2パーツからなる便利な貫通板があり、煙突の両側からしっ

桟木は煙突に合わせる

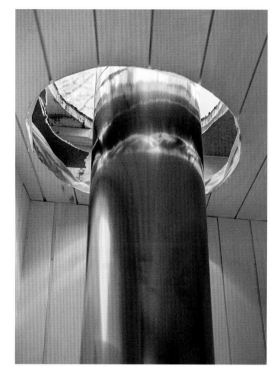

天井の開口部は煙突より大きく

かりと囲い込むようにし、屋根でビス留めする。煙突の形状に合った既製品がない場合は、板金屋に注文できる。

屋根はほぼ完成

SNICKRA MERA

さらに大工仕事を

サウナ建築に関わる多くの面白いプロジェクト

Bränna panel

焼杉（焼き板）作り

耐久性のある日本の表面加工

火によって木材の性質が変化することは、昔から知られていたようである。外装パネルになんらかの保護加工が必要である。今回の作業では、日本の手法を試してみることにした。

もとは杉板を建築現場で直接焼き、公共施設や住宅、納屋の外壁として使用していた。現在、焼杉は日本では多くの場合製材所で生産される、一般的な建材だ。焼杉として加工される木材は、真っ直ぐ育ち、年輪が決まった位置にくるように切断されているなどの条件を満たす必要がある。その後、窯で乾燥させる他の木材とは異なり、長時間の自然乾燥ののち決まった温度で焼かれ、適切なタイミングで火から下ろされる。炭化した表面はマットな質感と光沢の両方を備え持ち、その形状は凹凸のあるアルミホイル、ワニ皮、乾いた川床を連想させる。様々な質感や色合いを出すため、焼き加工後そのままの状態でも、ブラッシングをしてもいい。上質な焼杉は、手入れをせずとも百年はもつと言われている。

焼きを入れると一体、何が起きるのだろうか。木材が高温にさらされると、木材に多く含まれるセルロースが燃焼する。セルロースは昆虫や菌類が好む糖質であるため、この食物連鎖を断つことで、木材は腐敗や害虫の食害に強くなる。また、炭化した表面は、炭化していない木材よりも発火点が高くなるため、逆説的だが防火性が高まる。炭化層は、季節の移り変わりや太陽の紫外線によって少しずつ削られ、外壁の表面は経年変化していく。

もちろん、私が普通のモミ板を焼いたとしても、長い伝統を持つ焼杉の職人技にはとうてい敵わない。板材を焼いて見栄えを良くするのと、時間が経った後どうなるかはまた別の話である。とはいえ、黒焦げの小さなサウナというアイデアは非常に魅力的で、試してみたくなった。私のように、大規模な塗装プロジェクトにはやる気が起きず、ちょっと実験をしてみたいという人には、この手法はちょう

必要な建材と工具

❏ 作業台用板材　八枚
　　150〜200cm
❏ おが屑
❏ 角材
　　壁を作った時に余ったもの
❏ 木ネジ　5×70mm

❏ 強力ニッパー
❏ スチールワイヤー
❏ 防水シート　2×3m 程度
❏ スタンド付き卓上スライド丸のこ、またはジグソーかハンドソー
❏ 新聞紙

❏ マッチ
❏ 消火器
❏ ホース
❏ 化学繊維不使用の作業服
❏ 耐熱作業グローブ

材木リスト

❏ 20㎡＋端材になる分量、必要な長さ＋10cmで切断した板材

妻壁（つまかべ）、22×190mm サイズの場合
❏ 3m、四枚

ドア、窓のモールディング
22×120mm：
❏ 2m、六枚（窓の大きさに合わせて調整）

（板材で）三角柱を組む

素焼の間、数回ひっくり返す

どよいかもしれない。広々としたスペースと、できれば手伝ってくれる仲間数人が必要になる。砂利や舗装路といった耐火性のある場所で作業をするか、地面に屋根用のトタン（亜鉛メッキ鋼板の屋根材）を敷くこと。必要に備え、消火用の水を用意しておく。

板材を切断する

卓上スライド丸のこをセットし、数センチ余分なマージンをとり板材を切断する。板を長さごとに分け、地面に直置きしないよう二、三本の角材の上に重ねておく。260cmの板材なら、角材を三本並べてその上に渡しておけば木材の破損（たわみ）を防ぐことができる。

作業台を組む

この簡単な作業台は、焼きを入れる作業の際に板材を立てかけるのに利用する。あまり木材にこだわらず、別のプロジェクトで余った古い板材を利用した。長さ150〜200cmのものを八枚見繕う。

まず、二枚の板を端から約40cmのところでネジ留めし、同じことをもう一組（二枚の板）で繰り返す。十字形の脚組二セットとなるよう、ネジ留めした板を広げる。脚組を広げすぎると低すぎて扱いにくく、また狭すぎると安定が悪くなるので、ちょうどいい間隔を見つけよう。次に、脚組上部の十字の間に、150〜200cmほどの角材、または板を取り付ける。この際、十字の合わせ目にもう一本ずつビスを打ち込み、固定し安定させる。次に、地面から約50cmの高さで両方の脚組の間に二枚の縦長の板をネジで留め、固定する。作業台から板材を移して安全に寝かせることができるスペースが取れるよう、作業台を配置する。また、木や建物など、熱で傷む可能性のあるものが周囲にないことを確認する。作業台が軽すぎる場合は、木製パレットなど重いものにネジで固定する。

水をたっぷりかける

BYGGA BASTU

板材はそのままでもいいし、スチールブラシでブラッシング加工してもいい

焼き付けの準備

　同じ長さの板材を三枚用意し、一枚目は少しざらつきがある切断面が上になるよう地面に置く。残りの二枚は切断面を内側にして最初の板の上に置き、三角柱となるよう傾ける。両端をスチールワイヤーで固定し、縛る。片方の端に丸めた新聞紙を二、三枚押し込み、着火しやすいよう少しはみ出るようにしておく。新聞紙の入った方を下側にして組んだ三角柱を作業台に寄りかからせる。近隣に住民がいる場合は、煙の心配をさせないように、事前に声をかけること。

焼き付け

　板を焼き付ける時がきた。煙突効果で炎が上に吸い上げられ、板材に沿って火が広がっていく。上から炎が出ているようであれば、もうしばらく燃やしておく。耐熱性の革手袋を用い、組んだ三角柱を何度か回して、板材の端まで火が均等に行き渡るようにする。棒を使って三角柱を下ろす。板材をほどくとたいてい火は消えるが、表面にできた複雑な模様に残り火が紛れていないよう、かならず入念にホースで消火する。

　焼きが足りない場合、さらに新聞紙を追加しよう。火には酸素が必要なため、あまりきつく丸めすぎないように注意する。板と板の間に隙間がある場合は、新聞紙が燃えている間に板を縛り直し、煙と熱が正しい方向に上がるようにする。パチパチと音がしたら、火に勢いがついた証拠である。

乾燥と保管

　板材を焼いて水洗いをした後、積み上げて乾燥させる必要がある。丈夫な角材を三本地面に置き、その上に焼いた板材を数センチ間隔空けて並べる。均等な厚さのラス板や適度に薄い板材を積み重ね、各板の周りを空気が循環するようにする。その後防水シートで覆い、施工までの間、保管する。

オイルを塗るか塗らないか？

　素焼した外壁の外観は、時間の経過とともに変化していく。外側の炭化層は徐々に風化し、四方八方に木の明暗のグラデーションが鮮やかに変化していくだろう。また、焼き付けの熱は、表面の炭化層だけでなく板材全体に影響を与え、理論上、時間の経過とともに雨で炭化層が削り落とされても、焼き付けは保護として機能する。

　黒い外観を維持したいのであれば、亜麻仁油を塗るのが効果的である。亜麻仁油は、炭化層と結合するため、少なくともドアの周りやタオルを掛ける場所などに適している。だが、亜麻仁油は木材に栄養分を戻すため、多少防虫効果が失われる。

Koka färg
塗料を煮る

顔料と小麦粉からなる黒いスラム塗料（自然系植物塗料）

板材を焼いた場合、建物の一部も黒を塗ると馴染みやすいと感じるかもしれない。庇の裏側や大引きなどを塗装するのもいい。思い切ってサウナ全体の塗料を自作するのもいいかもしれない。スラム塗料の作成は古くから行われており、その配合方法には様々な種類がある。小麦粉の粘着性と顔料の性質が色の質に影響するため、調整しながら配合していく。この配合はスカンセン野外博物館の工房のもので、顔料を赤から黒に変えてもうまくいった。塗りたい量に応じて、調整できる。配合表の2.5リットルの塗料は、塗装面7〜12㎡に十分な量ができる。顔料と硫酸鉄は、品揃えのいい塗料・ペンキ専門店やホームセンターで購入できる。硫酸鉄には防カビ効果がある上、濃い色に仕上がる。明るい色にしたい場合は、他の種類の金属硫酸塩を代用する。配合表には小麦粉とライ麦粉の両方があるが、ライ麦粉を選んだのは、単に家にあったからだ。蒸気を分散させるため、スラム塗料は屋外で調合する（煮る）ことが望ましい。

1日目

顔料と小麦粉をそれぞれ別のバケツに入れて、数デシリットルの水に浸す。ここで、きれいな水を少々残しておく。顔料と小麦粉のバケツをしっかり混ぜる。特に小麦粉はダマができないようしっかり混ぜるため、泡立て器があると便利である。翌日まで休ませる。

2日目

残しておいた水を沸騰させ、煮立たせる。1日目に作った小麦粉のミックスを混ぜながら加える。時々かき混ぜながら、1時間ほど静かに煮込み、表面に膜が張ったら捨てずによくかき混ぜる。膜には塗料の粘度を高める成分が含まれているからだ。次に、顔料を混ぜながら加える。30〜60分ほど煮込み、よくかき混ぜて溶かす。硫酸鉄を加え、さらに20分ほど煮る。硫酸鉄は皮膚炎の原因になったり、気道や目を刺激することがあるため、手袋をして蒸気に近づかないように注意する。蓋つきの瓶に塗料を注ぐ。粗熱が取れたらすぐにでも使うことができる。

塗料は2〜3ヵ月もち、スラム塗料専用のブラシで塗るのが最適である。ムラなく塗るには、二度塗りが必要となる。ブラシは石鹸と水で洗浄すること。スラム塗料の粘着性を高めるには最大8%の亜麻仁油で、補強するといい。これで変色することもない。亜麻仁油を加える際は、色が分離するのを防ぐために、液体洗剤（スウェーデンで市販されているものは松油から作られたものが一般的）を多少加える必要がある。スラム塗料を塗る面は、塗装前にデッキブラシでブラッシングしておく。

2.5リットルの塗料の配合

❏ 水 2.5リットル

❏ 硫酸鉄 100g
❏ 細かく挽いたライ麦粉 200g

❏ 黒色酸化鉄顔料 400g

黒色酸化鉄顔料、硫酸鉄、ライ麦粉

屋外で、蒸気を分散させる

蓋つきの瓶に入れて塗料を保管する

1回目のレイヤー

Renovera fönster
<u>窓のリフォーム</u>

削る、留める、塞ぐ、塗る

　窓は建屋全体から見ると小さいけれども、外と接しており、常に風雨や日光にさらされる。部屋に彩りを添えてくれるのもまた窓だ。サウナルームから外の景色を垣間見ると、ふっと気持ちが和らぐ。

　ゴミ捨て場に行くはずだった窓も、ある程度手を加えれば装い新たに生まれ変わる。窓の修理は、大雨でサウナ作りを一時休止しないといけない時などに打ってつけだ。室内の風通しのいい屋内で、コーヒーを淹れて、ラジオのスイッチを入れてみよう。これで準備は万全だ。

古いガラスパテをはがす

　パテ（※注）が乾いてひび割れ始めたら、またパテ埋めするタイミングである。窓ガラスに傷もなく、木も綺麗な状態であれば、パテを塗り直すだけでいい、つまり、浮いたパテを取り除き、新しいパテで埋めればいい。昔は大

工が切れ味の悪い鑿（金属や岩石を加工するための工具の一種）と槌で浮いたパテを叩き落とした。今もこの方法でできなくはないが、多くの場合、窓ガラスを傷つけないよう丁寧に擦るだけで十分である。固まったパテはそのままにしておく。たくさんの窓を修理したり、パテを全部塗り直すのであれば、熱風ヒーター（スポットヒーター）をレンタルする価値はある。パテを焦がさない程度の低温で加熱し、簡単に削り取ることができるくらいに柔らかくしてくれる。また、ヒートガンも便利である。いずれの方法で加熱する場合でも、ガラスのヒビ割れを防ぐため湿らせたタオルやアルミホイルを使うこと。

塗料を削る

　外の窓枠についた剥がれ落ちそうな塗料は、塗装前に削り取る。塗装は全部落とさなければならないというイメー

必要な建材と工具

- ☐ 古い窓
- ☐ 亜麻仁油のパテ
- ☐ 振動式サンダー
- ☐ 洗浄された窓ガラス　二枚（窓枠よりもひと回り大きいガラス板一枚、それよりも小さい練習用窓ガラス一枚）
- ☐ 適度な硬さの板　一枚（インシュレーションボード、発泡スチロールなど）
- ☐ ソーホース
- ☐ ガラスカッター（できれば持ち手の部分にオイルが入るタイプ）

- ☐ 蹄鉄工用プライヤー
- ☐ ランダムサンダー
- ☐ トンカチ槌
- ☐ ヘラ
- ☐ 切れ味の悪いたがね
- ☐ 鉄工ヤスリ
- ☐ サンドペーパー
- ☐ 窓用タッカー針
- ☐ 替刃式スクレイパー
- ☐ ワイド型パテナイフ
- ☐ 油性ペン
- ☐ テープ
- ☐ 直線定規

- ☐ ヒートガン、熱風ヒーター／スポットヒーターまたはジェットヒーター
- ☐ 様々な形状のスクレイパー
- ☐ アルミホイルまたは濡れタオル
- ☐ 亜麻仁油塗料、筆
- ☐ 雑巾
- ☐ 亜麻仁油塗料を拭く布巾を入れる蓋付きガラス瓶
- ☐ キッチンタオル

※木のキズやヒビを埋めるパテなど様々な種類がありスウェーデンではガラス専用のパテがあるが、本章では、ガラスパテをパテと表記する。

ジがあるが、状態が良く、見た目もきれいな場合、浮いた塗装を削り落とし、無塗装の部分と塗装された箇所の境目をやすりで削ってから再度、塗装すれば十分である。長期間、窓が無塗装のままで、木が灰色になりササクレた状態になっている? これは木材表面の細胞壁が死滅したことを示す。このような場合には、健康な木材表面が出てくるよう、塗装前に削ってやすりをかける。

ただし窓の内側とサウナ内から見える窓枠の部分は、サウナの熱で健康に有害な蒸気が発生しないように、塗料を完全に削り取る必要がある。ヒートガンやジェットヒーターで塗料を柔らかくし、少しずつ削っていく。ガラスを保護し、木材を焦がさないよう注意する。

ガラスの交換

割れた窓ガラスの交換は、できればそれに越したことはない技術だ。私は通常、パテ面を下にして窓枠をソーホースの上に置き、その下に大きな箱や桶を置く。割れたガラスを槌で叩く前に、ガラスの破片が作業場に飛び散らないよう厚手の段ボールか新聞紙をガラス面の上に被せておく。

ガラスの大半が抜けたら、パテの縁が上を向くように窓枠をひっくり返す。蹄鉄工用プライヤーで窓ガラス用留め具を引き抜く。ガラス交換の際は、古いタッカー針とパテの跡を全て取り除かなければならない。歯医者のような慎重さで残ったパテをきれいにこそげ落とそう。パテが固まっている場合は、ヒートガンを使うと効果的である。木材を焦がさないように注意する。継ぎ目をきれいにし、亜麻仁油の木材用塗料を少量塗る。

ヒント

古い塗料には鉛が含まれていることがある。熱で塗料を取り除く場合は、防塵マスクを着用し、換気の良い場所で作業すること。また、熱した塗料カスが剥がれ落ちるため、耐熱性のある床で作業する必要がある。熱を使う作業をする際は必ず、消火器、防火毛布、水の入ったバケツを常に手元に置いておく。ヒートガンやジェットヒーターの置き場所にも注意を払うこと。

ガラスを切断する

新しい窓ガラスを窓枠の実の上に置く。この際、実の二辺に合わせるようにすると、切断が二回で済む。上からガラスと実が見えるように立ち、実の位置、角も忘れずに油性ペンで印をつける。

インシュレーションボード（木材を繊維状になるまで細かく解き、合成樹脂を加えて接着剤で固めた建材）または発泡スチロールの板をテーブルの上に平らに置き、ガラスをその上に重ねる。二つの印に沿って定規を置くが、この時ガラスの上端から下端までわたるように注意する。ガラスカッターの外縁が油性ペンの印の外縁に当たるように定規を調整する。それによってガラスが実の大きさより数ミリ小さくなり、木の伸縮に対応できるようになる。

片手で定規をガラスに押し当て、もう片方の手でガラスカッターをしっかり持つ。ガラスの上部から始めて、ガラスカッターをガラスと定規にしっかりと押し当てる。力を入れながらガラスカッターを手前に引くと、ベットシーツが引き裂かれるような音がする。

ガラスを回転させ、ガラスにつけた傷と作業台の端とが合わさるようにする。作業用手袋をつける。片方の手で窓に使用する方のガラスを押さえ、もう片方の手で切り落す方を割る。薄いガラスは「パリン」と音がして割れるが、厚いガラスは力が必要で、割れる際「バキッ」と音がする。非常に長細いガラスを切断する場合は、蹄鉄工用プライヤーで挟み割ると簡単だ。その際、傷をつけた箇所のそばを挟んで、慎重に割ること。

同じ傷をつけた箇所で何度も割ろうとしないようにする。切断に失敗した場合は、新しいガラスでやり直した方がいい。

パテ埋め

パテは、木材とガラス間のすき間を密閉するために使用する。ガラスの外側では、雨水が窓枠から流れ落ちるのを助ける役目もある。パテでガラスの下を充填することは「パテ埋め」と呼ばれ、窓枠の凹凸を調整しガラスをより安定させることができる。今日、パテは一般的になったが、以前はあまりそうではなかった。普段、私が窓の修理をする際は、全て同じ方法で行っている。

割れた窓ガラスをたたき出す

全ての留め具を外す

ひび割れたパテを削り取る

実をきれいにする

新しい窓ガラスを測る

直線定規やスコヤを使用する

均等かつ強い力でガラスを切断する

机の端を使って窓ガラスを割る

パテ埋めをする際、まずパテの塊を練り、きめ細かな粘土のように滑らかにし、作業しやすい状態にする。新しいパテはそれ自体が層になることがあるため、その場合は油分を再度練り込んで適切な固さにする必要がある。粘着力が強すぎる場合は、段ボールの上でこねることで油分を吸収してくれる。古いパテは、瓶の中で乾燥し始めることもある。乾燥した表面を割って削り落とし、内部のまだ使える部分を取り出すこともある。もしパテが乾燥し、堅パンのくずのような状態になっているのであれば、捨てて新しいパテを購入する方がいい。

私は普段、手でパテを塗っている。親指の付け根あたりで小さな塊を抑え、窓枠の内側にきちんとパテを充填できるよう塗り広げる。その後、ガラスをはめ込む。十本の指をガラスの縁に沿わせ、ガラスがゆっくり沈み込むように慎重に押す。ここでは、均等に力で押すことがポイントだ。最後は、ランダムサンダーを使うとよい。サンドペーパーを外し、折りたたんだキッチンタオルをサンダーに縛り付ける。窓ガラスは振動しながら窓枠に埋まっていく。パテの厚さは、最大1mmになるようにする。

留め具の打ち込み

古いパテが残っていないように、トンカチ槌の頭をアルコールで拭き、きれいにする。釘打ちの際、鋭い留め具の先端でガラスを傷つけてしまわないようにヤスリで削っておく。安全のために、トンカチ槌の頭の周りにガムテープを二本巻いておくとよい。窓枠の内側に亜麻仁油を塗り、窓ガラスを置く。左右に数ミリずつ動くゆとりを持たせる。

銅製の留め具を90度の角度で曲げ、ガラスに垂直に立てる。長い方の端を上方向に垂直に持ち、留め具を打つ時にハンマーがガラスに沿って滑るようにする。留め具が歪まないよう、ハンマーの頭を常にガラスに接触させておくことが重要である。少し訓練が必要だが、留め具は安いため、確実にできるまで練習すること！　留め具がガラスを2mmほど覆うところまで打った後、留め具が外れるまで前後に動かす。

小さな窓ガラスは一辺に一ヵ所留めれば十分だが、大きな窓ガラスは一辺に二、三ヵ所留めないとしっかりと固定できないかもしれない。私は修理の前に、何本留めてあったかを確認し、同じ数だけ留めるようにしている。

格子窓に留め具を打つ場合は、留め具が貫通して反対側の窓ガラスにヒビが入らないように、まず留め具の三分の一を蹄鉄工用プライヤーでつまんでカットしておく。

ヒント！

直線定規は自分で作ることができる。必要なのは、まっすぐで平らな額縁用板か学校用直線定規、セルロースふきん、耐水性多用途接着剤だけ。額縁用板は、長さ50cm、厚さ1cm以下のものを使用する。学校用直線定規／額縁用板の下に、カットしたセルロースふきんを糊付けし、ガラス切断時、滑り止めになるようにする。そのまま乾燥させ、完成！

パテで塞ぐ

窓ガラスを固定できたら、いよいよ私のお気に入りの作業工程だ。パテ埋め作業と同じ要領でパテを用意する。パテがガラスと木材のすき間を埋めるように、手でしっかり押さえながら塗っていく。ガラスにたくさん付いても、簡単に落とせるから問題ない。

窓枠の内側全体を埋めたら、きれいに切削する段階だ。ヘラを手前に引けるように、奥から始める。ヘラを寝かせ、ヘラの先端が窓枠の内側の角ときれいに重なるようにする。ヘラの先端でガラスと窓枠の内枠、両方を同時に押し付けるようにする。二本の指で圧力をかけながら、ヘラをまっすぐ手前に引く。最後に、手前の（窓枠の）角まできたら、ヘラを斜めにして仕上げる。窓ガラスと窓枠に付着したパテを剥がし、作業しやすいよう窓枠の周りを移動しながら、残りの三面を同じ要領で行う。角のパテが多くなりすぎることがあるが、あとからヘラで少し形を整えればいい。

一度で満足できなければ、もう一回やってみること。亜麻仁油のパテは何度もやり直しのきく非常に柔軟な素材であり、この工程は少し練習すればできるようになる。また、亜麻仁油製品は乾燥時間が長いため、焦る必要もない。

木材やパテのメンテナンスに最適な亜麻仁油

内枠を保護する

ヒント

　品質のいい亜麻仁油パテは、滑らかで成形しやすい。パテは、熱すぎると粘着性が増し、冷たいと硬くなる。適度な硬さにするためには、まず大きな塊をよくこねること。その後、少しずつ使う。夏場に窓を修理する場合は、パテを冷蔵庫でしばらく寝かせ、冬場は電子レンジで軽く温めておくといい。パテは、ビニール袋に入れ瓶で保管するか、冷凍庫で保存すること。

塗装

　思うに、窓の塗装に関しては亜麻仁油塗料が最適だ。亜麻仁油が木やパテを維持し、顔料が美しい輝きを放ち、塗料の層には温度変化による窓の伸縮に対応できる柔軟性がある。また、非常にコスパが良く、嗅ぎタバコ一箱分ほどの量で十分、余るくらいだ。亜麻仁油のパテで充填した場合、塗料と結合剤が同じであることからパテと塗料が一緒に乾くため、気が向いた時にすぐ塗ることができる。ただしその分、パテに筆の跡が残らないような筆使いをする必要が出てくる。

　私は筆先が丸い毛のものと斜めにカットされた天然毛の筆を使うことが多いが、化学繊維の筆を好む人もいる。亜麻仁油塗料は薄く塗るのが基本で、できれば気温が15℃以上ある日に塗りたい。色をよく混ぜ、濃くなりすぎた部分は伸ばしながら塗る。パテをしっかりと保護するために、できるだけ丁寧に、ガラスの上に2mmほどはみ出る程度塗る。完全にまっすぐでなくとも、ガラスの上で筆が滑っても気にしなくていい。二度塗りのあと、塗料が乾いたら、替刃式スクレイパーを使い、切削していく。少し斜めに持ち、色の膜を削り取る。幅広のヘラを沿わせることでまっすぐな縁を削り出せるが、パテの外側に2mm幅の塗料を残すことを忘れないようにする。その後、最後にもう一度塗る。パテの油分はガラスに付着しやすいため、塗料が完全に乾いてから、窓用洗剤または水と食器用洗剤で洗い流す。

留め具を90度に曲げる

留め具を垂直に立てる

パテを手で塗る

ヘラできれいに切削する

Bygg en dörr
ドアを作る

骨組み、断熱材、防風シート、蝶番

サウナのドアを作るには、少しの手間と上質な材料、そして注意深さが要るが、そのお陰で、サウナへの入口は立派なものになり、廃材も少なくなる。サウナのドアは常に外側に開き、安全上の理由から、本締錠や金属製のドアノブは使用しない方がいい。

ドア枠

最初の工程は、ドア枠を作ること。側面と上部に1cmの空きが必要なため、角材をカットする前に入口の寸法をしておく。入口の幅は必ずしも同じではないため、念のため上と下を測っておくを測っておく。

角材はほぞ継ぎで結合する。ドア枠の上部にほぞ（凸部）加工をするため、ドア枠の幅の三分の一（今回は約3.2cm）とする。ほぞ穴（凹部）は、二本の縦かまちに入れる。スコヤで測り鉛筆で印をつける。ジグソーで印の表側をカットする。その際、新しい刃を使用すること。ジグソーで少し削り、溝の内側に溜まったおが屑全てを取り除くよう確認する。カットしたパーツをはめてみて、

ハンマーを使ってもはまらない場合は、引っ掛かりがある方を少し削ってみる。ほぞ（凸部）から縦かまちまで貫通するよう、ほぞ継ぎした接合部に5×90mmのビスを一本打ち、固定する。対角線の長さを測り、納得がいったら対角線上にはすかいを仮止めする。

松材の額縁用板、木工用ボンド、仕上げ釘を取り出し、ドアが実際に閉まる際の戸当たりを作る。縦かまちの額縁用板は、沓摺に合わせて短くする。額縁に木工用ボンドを塗り、額縁用板の端と端を角材の上で合わせ、仕上げ釘で釘付けする。木口に木工用ボンドを塗り、木表を釘で打っていく。

ドアの骨組み

ドア枠の内寸を確認する。ドアは外枠の内寸より1.5cm程度狭く、3cm程度短くするとスムーズである。骨組みのパーツは、半分ずつのこぎりで切ってつなぎ合わせる。33×70mmの角材四本それぞれ、厚みの半分（1.65cm）×7cmを両隅から×印をつける。切り落

必要な建材と工具

- ❏ 断熱材　一枚
- ❏ 防風シートまたは
  　透湿防水シート　200cm
- ❏ 木ネジ　6×140mm
- ❏ 木ネジ　5×90mm
- ❏ 木ネジ　4.5×50mm
- ❏ 木ネジ　4.5×30mm
- ❏ 仕上げ釘　1.7×35mm
- ❏ 丸釘／連結釘　2.0×50mm
- ❏ 蝶番左勝手　二個、
  　長さ8.5cm以上

- ❏ ドライバドリル
- ❏ ハンマー
- ❏ ガンタッカーと針
- ❏ スチール製定規または
  　水平器
- ❏ 断熱材カッター
- ❏ ドリフピン／ポンチ
- ❏ ガイドレール付きプランジ丸のこ
- ❏ 平な作業台または
  　ソーホース二脚
- ❏ ラチェットバークランプ　二個

- ❏ スコヤ
- ❏ ジグソー
- ❏ 卓上スライド丸のこ
- ❏ 木工用ボンド
- ❏ ノミ、木槌
- ❏ 丁番ドクター

とす部分に十字で印をつける。ジグソーで線の表側を慎重に切り、ノミで表面を平らにする。

接合部分がきれいに合わさるかを確認する。対角線の長さを測り、納得できたら、各角に3cmのビス二本を打ち、固定する。

中柱を押さえ、両方の縦かまちの間にくるよう調整する。クランプを使い、骨組みと完全に水平になるようにする。6×140mmのネジ二本で上下二箇所を固定する。ドアに縦長のパネルを貼ったり、フレンチヘリンボーンにする場合は、内側に格子を取り付ける必要がある。中柱を中心に半々にする。

室内

ドアの寄木張りには、素敵なバリエーションがたくさんある。室内側はV字を逆さにした寄木にすることにし、余ったバスパネルでちょうど間に合った。このバリエーションには、45度の角度にセットした卓上スライド丸のこがあると、とても便利である。壁材のメスさねが下、オスさねが上になるように回して、ドアに取り付ける。中央できれいな継ぎ目ができるよう気をつけ、作業後にドア枠からはみ出た部分を切り落とす。ロックウールの断熱材を使用する場合は、ドア枠にフォイル断熱バリアで覆ってから進めると安全である。

まず、ドアの中柱の真ん中に印をつける（中柱の中心だけでなく、ドア枠の外側から測ること）。スチール製の定規を使い、中柱の上から下までドアの全長にわたって中心線を引くようにする。下から順に始めるため、V字の先端がドアの下（沓摺）の屋外側端部に向いているように最初のV字を置く。この時、継ぎ目が先ほど引いた中心線の上にくるように調整する。納得がいったら仕上げ釘で固定する。上方向に向かって、壁材同士をV字一組にしながら順々に取り付けていく。常に中心線を意識し、ズレてしまった場合は、継ぎ目を左右どちらかにずらすか、「扇型法」で補正する。扇型法とは、壁材が中心線からズレてしまった場合に、複数の継ぎ目を介して、板材の接合具合を少しずつ調整する方法で、二枚の板材が合わさる接合面の片端は完全に密着させ、もう片方の端を少し離すという方法である。扇子を広げるように、小さなズレを何度か繰り返すことで、元の状態に戻すことができる。目は多少の揺らぎがあってもそれを受け入れられるため、ドアを取り付けた後は、気にならなくなる。

システムバークランプ付き丸のこを使ってきれいに鋸引きをする。切り落とした部分は、ドア上部の端や下部の中央など小さな部分に使うことができる。

材木リスト

ドア枠用角材　33×95mm：
❑ 194cm、二本
❑ 70cm、一本
プレナー掛けされたパイン材
15×33mm：
❑ 188.5cm、二本
❑ 60cm、一本
沓摺、プレナー掛けされたオーク
材または同等品　21×95mm：
❑ 63.5cm、一本

ドア枠　33×70mm：
❑ 187.5cm、二本
❑ 61.8cm、二本
中柱　33×95mm
❑ 173.5cm、一本

羽目板　17×95mm：
❑ 約20m
余ったバスパネル：
❑ 約20m

枠は半分ずつ作る

中心を測る

継ぎ目に注意する

仕上げ釘で固定する

縁に沿ってきれいに切断する

枠に断熱材を埋める

断熱材・防風シート

　ドアを裏返す。ドアの内部を測り、断熱材をカットして、隙間に押し込んでいく。はみ出た部分は断熱材カッターで削るか、荒っぽさを発揮して手でちぎる。外壁で使った防風シートや透湿防水シートの残りを活用して、全体を覆い、ガンタッカーで固定する。

外観

　ドアの外観には何通りもの種類がある。羽目板は、縦、横、斜めに設置することができる。ドア枠の中央に向かって板材を貼り合わせると、菱形（クォータリング）にすることもできる。私は、羽目板が交互に重なり合うヘリンボーンにすることにした。今回も中心線があることで、継ぎ目が片方に偏ることを防ぐことができる。下から順にドア枠の外側の角と重なるよう二枚の板を並べていく。両端を丸釘二本で固定する。何枚かの板材を組み合わせたブロックを作った後に、ドアに貼り付けてもいい。ドア全体に板材を貼り終えたら、ガイド付丸のこではみ出た板全てをきれいに切断する。

蝶番

　蝶番の取付けには、正確さ、忍耐力、削った鉛筆、鋭いノミが必要となる。できる限り、長方形の板が付いた蝶番を選ぶと取り付けやすい（丸みを帯びた蝶番を取り付ける際は、トリマーを使うといい）。蝶番の位置をドア自体とドア枠に印を付けるためにまず、屋外側が上を向くようにドア枠をソーホースの上に置き、その後枠の額縁の上に、屋外側を表にしてドアを置く。枠の中にドアをはめこむ。隙間ができるようにドア枠とドアの間に楔を挟む。ドアの高さの七分の一の長さを上桟、下桟から測り、スコヤで線を伸ばしてドア枠、ドアの両方に印をつける。

　ドア枠を持ち上げて、ドアをソーホースに乗せる。二個のクランプで（ドアを）固定する。次に蝶番の上半分を取付け、折り込む。筒状の部分（蝶番の管）がドアの側面にくるよう、蝶番の半分をドアに当て、蝶番の開口部の端が先ほどの印とピッタリ合うように調整する。スコヤを合わせて直角であることを確認してから、蝶番の羽根の周囲に線を引く。もうひとつの蝶番も同じようにく

防風シートを外側に貼り付ける

羽目板を釘付けする

りかえす。

　印をつけたら、いよいよノミを取り出す。ポイントは、蝶番がドア枠に支えられるようにすることで、ドアがネジだけでぶら下がっている状態にしないようにすることである。蝶番の羽根の厚みより深く取り付ける必要はなく、通常2mm程度である。線で目安を把握できるよう、ドアの表面に蝶番の厚みの印をつける。私は通常、幅の広いノミと幅の狭いノミを一本ずつと木槌を使う。木が割れやすくなるため、繊維を横切る線に沿って、ノミを入れることから始める。ノミを垂直に立て、平らな面を線の少し内側に入れる。木槌で数回叩く。また、木をくり抜きやすくするために、印の内側を横切る繊維にいくつかの切り込みを入れる。繊維に沿うようにノミを当てていく。刃先を下にしてノミを板に対して寝かせた角度で持ち、少しずつ叩いて削り、印の内側の木をくり抜く。最後に、刃先またはノミの平らな面を木に当てて、小さく出っ張った箇所を平らにしていく。こまめに蝶番をあてよう。蝶番のくぼみを掘りすぎてぐらぐらになってはいけないので、ちょっときついかなと思うくらいにしてお

いて、最後ハンマーで蝶番を叩いてはまる位が完璧だ。納得したら、適当なネジ（4.5×30mmが適当だろうか）を使って固定する。もう片方の蝶番も同じ要領で取り付ける。

　下半分の蝶番はドア枠に取り付ける。ドアの場合と同じ手順で行い、上半分の蝶番の印をつけたところにちょうどくるようにする。

　ドアを取り付けてみよう！　蝶番のズレが大きい場合は、凹みを調整するか、ホームセンターで買えるシムリングやワッシャーを追加する。ドアの戸先、吊り元どちらかで隙間が大きすぎたり小さすぎたり、ドアが斜めに吊るされ角が戸当たりや敷居に引っかかる場合は、ドアを取り付けた後に丁番ドクター（蝶番おこし）で調整することができる。蝶番の下半分に通して、ドアを動かしたい方向に向けて押し上げるようにする。

タオルフックやドアノブとなる枝

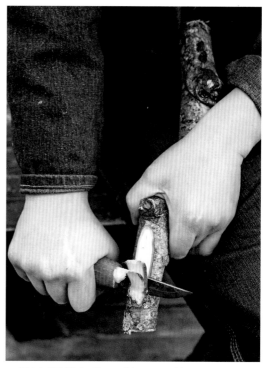

好きな形を選び、ドアノブをナイフで削りだしてみよう

塗装する

ドアとドア枠の外観は、塗料かオイルで保護する必要がある。窓にもドアにも、亜麻仁油塗料が最適だ。ドアのどの部分を塗装すればいいのか悩むかもしれない。私は、ドア側面から内装パネルの端まで、そしてドア枠は外側から額縁まで全面塗装した。屋根の下で作業できるスペースがあれば、ドアを設置する前に行うのが一番いい。通常、三度塗りすれば十分である。

ドアノブ

ドアは外側に開くため、外側に何らかの取手が必要になる。購入した引手や、ドアに結び目をうまくねじ込んだロープでも、形のいい枝を削って形を整えたものでも、まったく別のものでもいい。内側からは、ドアを押して開けるため、特に何も必要ない（木彫りの板などを取り付けたい場合は別だが）。

Andra bastugrejer
その他サウナ用品

クッション、帽子、桶、杓、ウィスク

サウナに入ることは、グッズ集め競争ではないが、サウナ体験をより高めるアイテムがある。サウナの中でベンチに敷く小さなタオルと、サウナ入浴後に体を拭く大きめのタオルがあるといい。サウナを頻繁に利用する人は、籐でできたストロークッションがあれば洗濯の量を減らすことができる。

桶とも呼ばれるサウナバケツは、サウナ入浴で非常に重要なアイテムだ。サウナバケツと杓で、熱い石に水をかけるのに使われる。ドアの取手を彫ることに夢中になったなら、今度は杓も自作してみよう！ 使う人が立ち上がらなくても済むように、少し持ち手の長い、できれば白樺のものがいいだろう。少しJ字になった枝を探すと、すくいやすい角度がついた杓になる。

サウナでウール地のサウナハットをかぶっている人に初めて会った時、「こんなに暑いのに帽子が必要なのか」と驚いた。今にして思えば、その効果は逆だったのだと理解できる。サウナでは頭が熱風にさらされるので、頭皮を保護するためにウールの帽子は最適なのだ。帽子のおかげでサウナに少し長く座っていられる。

多くのサウナには温度計があり、湿度を測る湿度計がついているところもある。個人的には計測器なしのサウナが好みだ。サウナに気持ちよく入れる温度は人によって違うし、サウナ内の湿度や、その日の気分によっても変わってくる。快適なサウナ体験に大切なことは、誰もが気持ちよく楽しめる温度をみつけることだ。それでも温度計を設置したい場合、床から150cmの高さがちょうどいい。砂時計をつければ、どれくらいサウナに座っていたか時間を把握することもできる。

サウナウィスク作り

白樺のウィスクは、ある人にとっては必需品であり、ある人にとっては未知の代物（しろもの）である。昔は、柔らかいウィスクで（体を）叩くと、葉に含まれるアルカリ性物質が垢や脂肪を溶かすため、石鹸として機能していた。

白樺が樹液でべたつかなくなったら、柔らかな若枝を収穫する。その時期はスウェーデン国内の地域によって異なるが、大体夏至の頃だろう。長さは50cmくらいがちょうどいい。長くて曲げやすい小枝を一本選び、葉を全て取り去る。柔らかくするため、軽く折り曲げる。難しい場合は、樹皮を少し剥ぐとよい。他の小枝も付け根の方の葉を数枚、取り除けば、持ち手になる。丈夫そうな枝は束の中央に入れ、小さめの枝を表にくるようにする。

束（ブーケ）の茎の間、葉が始まるところに先ほど葉を取った柔らかい枝の端を通し、茎を結ぶ。数回ひねって、しっかり引っ張って固定する。そのまま下方向に巻き続け、最後にどこかに端を差し込んで締め付ける。吊るせるように端に輪を作る。新鮮なサウナウィスクは冷凍庫で保管するか、暗く涼しい場所で乾燥させておくといい。凍った場合は常温で解凍し、乾いた時はサウナの蒸気で湿らすといいだろう。そして、石の上にサウナウィスクを置き、水を少し加えると、初夏のいい香りが漂う。

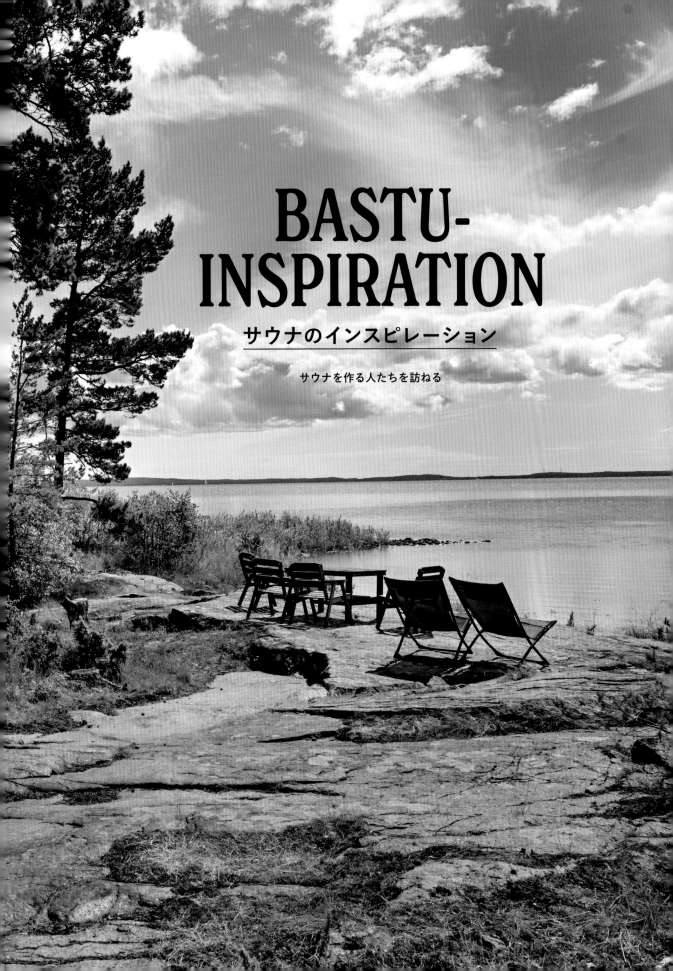

BASTU-INSPIRATION

サウナのインスピレーション

サウナを作る人たちを訪ねる

サウナの中から筏（いかだ）を操縦する

水浴びはベンチの前で

筏（いかだ）サウナ

ストックホルムのヨハネスホフス橋のたもとにあるエリクスダル・モーターボート・クラブに、小さな筏サウナが係留（けいりゅう）されている。冬の間、陸上でボートが冬囲いされている間、この筏サウナは桟橋の端にぽつんと佇んでいる。アグネス・ローセンベリは、水上サウナの共同所有者のひとりだ。

「友人のマルクスが係留所を持っていたのが事の始まりでした。彼は船はいらないが、サウナが欲しいと思っていました。当初、自分たちで筏を作ろうと話していたのですが、リーディンゲで造船業者を見つけ、彼から見本として簡易な筏サウナを買いました。この筏は最大5ノットしか出せないので、曳航しなければなりません。しかも、ここに来るために、マリーナを抜けてユールゴーデン島の前を通り、その後閘門（こうもん）（水位差のある水面間で船舶を通航させるための仕組み）を通らないといけなかったのです。短時間で済むと思っていたのですが、実際には丸一日かかりました」

アグネスは、筏サウナは自分の街を知るための、ひとつのライフハックだと考えている。街の中心に自分の部屋があるようなもので、水上から世界を見渡すことができる。また、時にはボートクラブ内のハンマルビーサッカーチーム（バイエン）ファンがサッカーの試合前に士気を高めに集まったり、ボートクラブのミーティングに筏ごと参加できたりすることも魅力だ。家族が集まって、バーベキューをしてもいい。

「実は、私は冬にサウナに入るのが好きなんです。日曜日にはここに来て、頭をスッキリさせるんですよ。床のハッチが最高で、たとえ湖の水が凍っていても、ハッチを開けて水浴びができます。夏、他の船が係留所にいる間は、サウナに入るために湖へ出ていかなければいけないんです」

そうアグネスは言う。

共同所有者たちは、見本となる筏サウナを7万クローナで購入し、エンジン、断熱材、内装パネル、係留ロープなど必要なものを1万クローナで買い足した。係留所の使用料、薪代、修理費をひとり当たり年間1,000クローナ程度、負担している。ボートクラブの営業日を当分してそれぞれ同じ日数だけ使い、春と秋には皆で修理全般をサポートし合うことにしている。

幅の異なる下見板

松ぼっくりサウナを作ったトシュテン・グラインド

松ぼっくりサウナ

　ハーガベリィを形作る家々の下には、夏の草原が広がっている。車輪のついた三つの作品が緑の牧草地に整列するように並ぶ姿は、うろこ状の壁やアーチ型の屋根も相まって松ぼっくりかクリンカー張り（重ね張り）の船、あるいはアルマジロを連想させる。トシュテン・グラインドはその構造を考え抜いた。

「ゴットランド島では、船が最後の眠りにつく前に逆さまにするんです。それがインスピレーションになりました。自然に溶け込むように、できるだけ短く低く、でも大人二人がひと夏、住めるようなサイズ感にしたかったんです。その後、松ぼっくりサウナを作る講座を企画し、息子のミッシャが松ぼっくりサウナを作る機会に恵まれました」

　トシュテンは、近くのフルート工場からすのこを取り寄せている。それを村の鍛冶屋で作った型に合わせて固定し、接着するのである。このサウナは断熱材を入れていないが、壁に設置された二層の板材（パネル）のおかげで保温効果はいい。外側は、二種類の幅の山型パネルが外壁を彩り、表面はタールと生亜麻仁油でコーティングされている。トシュテンは、手入れをせずとも新品に見えるようなものではなく、自然な風化が感じられるような外観にしたいと考えている。

「この規則的な凹凸のある削り跡を出すには、実は訓練が必要なんです。自然な仕上がりになるように、計算されたミスを入れるんです。私は普段から、少しやっては二歩下がり、またもう少し続けてみよう、という風に自分に言い聞かせています。そうすれば、自分が何をやっているのかがわかるんです！」

　彼は素材の限界に挑戦することが好きなのだという。ある寒い冬にサウナを暖めたとき、大きな窓が割れてしまい、煙道の両脇に方立（横に長く設置された窓の間に設けられた垂直で長い桟）を入れて、ガラスを区分することになった。

「私はアイデアを得て、それに挑戦することが好きなんです。もしそれが間違っていても、正しくても、試すことで気分がよくなるんですよ！」

　松ぼっくり（型）は、安く手に入るキャンピングカーの台車の上に作られる。経験にもよるが、トシュテンは、2人いれば2週間で松ぼっくりサウナを一棟建てられると見積もっている。

左官前の塗り壁用粘土

大きな床排水口がある広々としたサウナ

クレイサウナ

ペニングビーのリネア・ルンドグレンとペーテル・タルベリィは、ほぼ再利用の素材でできたサウナを完成させようとしているところだ。近くにあった木造の納屋の取り壊しが決まり、欲しいものを好きなだけ持ち帰って良いことになったため、納屋の廃棄物がサウナの骨組みとなった。

「レンガを解体し、大工に頼んで、保管する価値のある丸太をより抜きました。腐食や害虫で傷んでいるものもありましたが、状態の良いものもありました。納屋のノッチ（四隅）は鉄で固定されていたので、それを曲げて雨樋受け金具にしました。窓やドアは、友人や家族から安く買い取りました。ベンチの材料は、たまたまアスペン材をたくさん持っていた地元の製材所からです。窓枠は伐採予定だった梨の木から、手すりはヤルマレン湖の流木です」

リネアとペーテルが唯一、購入したのは、サウナストーブ、屋根用の野地板とルーフィングシート、釘とネジだけだった。壁には、藁を粘土液に浸しただけの塗り壁用粘土を使った。混ぜ合わせた粘土はベニヤ板の型に流し込まれ、骨組みの枠の中へ取り付けられた。粘土が結合し藁が断熱材となり、調湿作用がある。その後、粘土の漆喰を分厚い層と薄い層で塗り重ねる。この漆喰で、窓やドアの周りの丸みを帯びた形を作った。

「私たちは大工ではないので、プロや友人たちの手助けがなかったら完成できませんでした。納屋の解体から最初のサウナ入浴まで2年かかり、合計で60人がこの工程に関わってくれました。一番の課題は、天然素材のみで作ったサウナ室と、一般的な建材を使わないわけにはいかない浴室の間の壁をどんな方法で作るかでした。しかしその結果はすばらしく、このサウナ室は45分で80℃に達し、湿度も均一でとてもいい温かさになります。周囲の環境にもうまく溶け込みました」

スモークサウナは屋外から火起こしする

ハッチの下には石積みが見える

スモークサウナ

リスト・ヴィックネンとその家族は、フィンランドの多島海にある島で暮らしている。彼の所有する島では、スモークサウナの温度がじりじりと上昇している。建物は新しいがスモークサウナに入る習慣は古く、その均一で穏やかな温かさのおかげで、多くの人からサウナのロールスロイスと呼ばれている。このサウナには煙突がなく、火によって起きた煙を室内に充満させた後、入浴前にドアか壁のハッチから煙を排気する。スモークサウナの石積みはサウナストーブのものよりはるかに大きく、熱くなるまでに5時間かかるが、より長い時間、熱を保つことができる。

「サウナを作る時は、ベンチをどこに配置し、ドアや窓をどう設置するかを計画することが重要です。この島では北西の風が吹くことが多いので、それが決め手になりました」

そうリストは言う。

このサウナのストーブは、特に長い薪を使って外から火を起こす。火床は、一番下に耐火レンガ、その上にソープストーン、最後にレカブロックを重ねる3層構造になっている。その上に600キロの石積みが乗っている。リストがサウナ内の石を覆うハッチを開けると、その下から火が見え、大量の熱風が襲ってくる。天井の下には蓋のように煙が充満している。サウナの中は煤で真っ黒になり、リストがベンチの座面に裂織のマットを被せる。

「たくさんの古いスモークサウナが火事で焼けてしまいました。強烈な熱のせいで隅にできた小さなクモの巣に火がつくこともありました。特に、石が非常に熱くなったところでさらに薪を足すと、炎が石を突き破って危険な状態になることもあります。だから、スモークサウナを自分の島に建てました。フレームは木造ですが、石積みを囲むように屋根までレカブロックを使って壁を作りました。屋根にはミネラルウールの断熱材と不燃ボードを入れています」

オウティの島の岩石露頭

小屋の頑丈なノッチと絶景

崖の上のサウナ

　滑らかな岩の向こうに、オウティの島の美しいサウナが見える。太陽が照り、窓から見える湾はきらきらと輝く、絶好の立地である。ただ、多くの人が言うように、この上に建物を建てるのは不可能だ。そのためオウティは、岩に向かって木造のフレームを渡し、重厚な梁で支えることにした。藤森照信の空飛ぶ茶室と、漫画家ヤーン・ルーフ原作の人形劇『鉄屑のニッセとその仲間たち』(1970年代よりテレビ放映されていた)を掛け合わせたような感じだ。

「私は氷床によって形成された岩のある、この不毛な孤島が大好きなんです。だから、環境に大きな負担をかけず、建物を自然に適応させる必要がありました。サウナを少し隠すように建てながらも、夕陽や日没の絶景が見えるようにしたかったのです。私に言わせれば完璧な立地ですが、おそらく建設には少々困難が伴うだろうと思いました。このアイデアを信じてくれたのは、夫のヘカだけでした。私たち夫婦はどちらもプロの職人ではありませんが、ヘカは足場の計算をし始めました。骨組み

用木材は、隣の島の船大工に発注しました。6年前から、ここに建てようと思っていたんです。四季を通じて、夕方になるとここに来て、夕日の沈む場所を確認してきました。サウナを温めていない時でも、景色を眺めると落ち着くので今は頻繁にここへ座りにきます」

　オウティにとって無垢材のサウナは無敵の存在だ。ログハウスは美しく、力強さがあり、手仕事であることに加え、フィンランドの建築の伝統を象徴するものでもある。木は柔らかさと温もりを兼ね備えた呼吸をしている素材だ。これがあれば人工的な素材は一切使わずに済む。オウティとヘカが壁の木材以外に使ったのは、丸太と丸太の間を塞ぐための島の苔だけだ。

「このプロジェクトで最も大事だったのは、きちんと時間をかけることでした。アイデアをダイヤモンドに変え、一歩ずつ歩んできました。最初からできあがった計画表があればもっと簡単だったのかもしれませんが、それは私たちの流儀ではありません。プロジェクトの後も、私たちがまだ夫婦でいられて幸せです!」

無垢木材が内装を引き締める

木でできたドアロック

エル・プリミティヴォ

　ダン・マットソンは、オーランド島で特に多くのサウナを作った職人だ。彼の作品はどれもシンプルな形で、巧みに計画され、美しい場所に建てられている。入口にはサウナ内に携帯電話を持ち込まないための収納棚があり、サウナの中にはスマートな石鹸置きも設置されている。他の人が廃材と見なすようなものも、彼はうまく活用している。例えば、古いセントラルバキュームクリーナーのドラムを湯沸かし器に改造し、煙道に設置した。

　すばらしい入江に、大和葺の屋根と無垢材でできた美しいグレーのサウナが建っている。その隣のコテージには、ダンの息子アントンとその妻が夏の間、暮らしている。

「父と私は敷地内の木を伐採し、サウナ用の木材を自分たちで製材しました。このサウナを『エル・プリミティヴォ』と呼んでいます。機能は申し分なく、すぐに温まるので、よく入浴しています。ちょっと面白い仕掛けとしてサウナの下にスチール製の車軸が装備され、サウナの場所を変えたい時には、車輪を取り付けて移動できるんです」

　壁の構造は、無垢材の大和張りでできており、内側には断熱材やバスパネルはない。

「最初の頃は、火を焚いたときに板材が乾燥して縮んでしまって、少々隙間風が入るようになったこともありました。その度に隙間を目地材で塞がなければなりませんでしたが、今は本来あるべき姿に戻っています。内部はロースラグスマホガニー塗料（ガムテレビン油、松ヤニ、亜麻仁油を混合した自然塗料）で、外部は硫酸鉄（鉄ビトリオール）で塗装しました。父がサウナを作る時によくやっていたように、床にはラッカーを塗りました。屋根はタール塗装なので、雨漏りしないように、時々塗り直す必要があります」

本実加工の壁

ヴィトーレン島のサウナからの眺め

家族全員がサウナを作る

アルムクヴィスト＝ヤンソン一家は皆、建築士、大工、そしてサウナ愛好家だ。フィンランドの多島海にあるホウスカール周辺のいくつかの島には、もうすぐアルムクヴィスト＝ヤンソン家による三つめのサウナができる。

不毛の無人島ヴィトーレン島では、息子のアウグストが建築学科の卒業制作としてサウナを建てた。薪とサウナストーンにかける淡水を持っていって火を焚けば、誰でも利用できるようになっている。この場所に公共のサウナを作ることで、近隣の農場が常に共同所有してきたこの島の歴史に、また新たな一章が加わるのだ。
「大きな課題は、ルンドにある学校の工房でサウナを制作した後、ここへ運べるような建築方法を見つけることでした。そこで開発したのが、数度の傾斜をつけた本実加工の板材を立てて使う壁面の構造です。これによりサウナ小屋を直線的にも曲線的にも建てることができます。壁は内部のワイヤーで固定されています。このサウナは評判が良く、周辺の島の人たちが手入れを手伝ってくれているお陰で、ゲストブックはすでに二冊目に突入しています」

両親のブリットとシェルは、フィンランドの伝統的な建築様式にヒントを得て、サウナを木造の骨組みで設計した。窓は洗面台や上部ベンチの下など必要な場所に光が届くように配置されていて、そのおかげで石鹸を置いてある場所や、足の置き場が確認できる。サウナ室の隣には、崖と海に面した大きな窓のある脱衣所がある。壁には引き戸があり、この二部屋をつないでいる。

娘のエミリアは、この場所と両親が作ったサウナに刺激を受けている。
「ここのサウナは、私が知る限り最高のもの。唯一の欠点は、温まるまでに何時間もかかることです。だから今、アウグストと私は、島の反対側、ふたつの岩に挟まれた場所に新しく小さなサウナを作っているところです」

洗濯釜の水を利用したバスタブ

ゆとりのあるウッドデッキ

静謐なるサウナ

　エステルイェートランド地方の渓谷に、桜と松の木に囲まれた、手作りの憩いの場所がある。遠くから見ると、大きなウッドデッキを支えに浮かび上がっているようにも、浮遊しているようにも見える。カタリーナ・ボンネヴィエ、マリー・カールソン、ステファン・ノルドベリ、ヨアキム・リンドの四人は大きな夢を抱き、建設前に最も重要な事柄を下記のごとくリストアップした。

　まず、多くの人が同時に楽しめるように、幅広い温度設定のできるサウナ室。溶岩に埋まっていたポンペイ浴場の外にある休憩室からヒントを得た、サウナの余熱の中で着替えたり休憩したり、読書や音楽を楽しめるフリギダリウム。サウナが苦手な人でも仲間に入れるよう、たくさんの座席を備えたアメリカンなベランダ。日陰を作り、水を溜めるための大きな屋根。そして、浴槽やサウナのお湯を沸かすためのソーラーパネルや薪で炊く洗濯釜など、環境に配慮した様々なシステム。
「何年もかけて、自分たちの静謐なサウナ小屋を計画しました。オークションで落札した薪で炊く洗濯釜がきっ

かけとなり、庭のいろんな場所にバスタブを置き入浴を試すことができました。スケッチし、話し合い、夢を描き、レゴで模型を作りました。倒壊した古い洗濯小屋の礎石（そせき）が完璧に水平なまま残っていたので、着工してすぐに骨組みを立てることができました。埋め込みタイプのバスタブを見つけたときは、工事中も入浴できるようにしました。いつも完成したような気分でありながら、いつまでも完成しないんです」

　そう四人は語った。

　建材のほとんどは、近隣で入手したものを再利用している。古い洗濯小屋のドアは保存して新しい建物に接ぎ合わせることができ、他のプロジェクトで残った窓も活用することができた。断熱材はセルロースと亜麻、骨組みとウッドデッキはシリコン含浸パイン材でできている。

オアシス

　フィンランドでは公共のサウナは珍しくないが、ヘルシンキのソンパサウナはその中でも別格の存在だ。開発途中の港湾地域の一画に、自家製のサウナワゴンが数台あり、無料で24時間誰でも利用できるようになっている。訪問者は薪の持参や、敷地内に積まれた薪を少々自分で割って使うことが奨励されている。誰かが持ち込んだピアノで、バスローブに身を包んだ名ピアニストが夕陽の中、サウナを待つ長い列のために演奏している。

　サウナや敷地のメンテナンスは平日に行われ、希望者は大工仕事、ペンキ塗り、伐採した公園の木や余った建築資材を利用した薪作りなどに参加することができる。

Materiallista
材料一覧

サウナ作りに必要なもの全て

================

材木

大引き：100×100mm：
☐230cm、二本

角材　45×195mm：
☐約20m

角材　45×120mm：
☐約25m

角材　45×95mm：
☐約75m

角材　45×70mm：
☐約12m

片面プレナー仕上げの羽目板 20×95mm：
☐約12㎡

バスパネル：
☐22㎡＋端材分や、巾木、窓枠などに使えるよう余分に

外装パネル：
☐約20㎡＋端材分

両面プレナー仕上げの羽目板28×120mm：
☐220cm、十枚

すのこ状床用の板 27×70mm：
☐220cm、十二枚

ラス板　25×38mm：
☐45m＋屋根材に応じて追加

ラス板　23×36mm：
☐12m

ラス板　12×48mm：
☐50m

ベンチ用の板　28×90mm：
☐200cm、十二枚

三角棒　50×50mm：
☐15m

破風板　例：22×190mm：
☐3m、四枚

屋外側のモールディング　22×120mm：
☐ドアや窓の寸法に応じて計算

プレナー掛けされたパイン材　21×43mm：
☐6m

巾木　8×21mm：
☐60cm

巾木　8×33mm：
☐50cm

樺ベニヤ板：
☐10cm、十枚

無垢板　240×122×0.3cm：
☐二枚組

金具類

❏ 梁受け金物四本
❏ 鋼製束四個　98/105 mm
❏ L型ブラケット16個　90×90mm
❏ 穴あきバンド　1.25×25mm 25メートル

釘、ビス

仕上げ釘
❏ 1.7×35mm、約150本
❏ 1.4×25mm、約300本

ルーフィング釘
❏ 2.5×25mm、約600本

屋外用丸釘：
❏ 2.8×75mm、約500本
❏ 2.3×60mm、約300本
❏ 2.0×50mm、約100本

硬質木材ビス：
❏ 3.7×57mm、約250本

六角コーチスクリュー：
❏ 8×60mm、八本

丸頭の木ネジ屋外用：
❏ 6×140mm、約35本
❏ 6×100mm、約300本
❏ 5×90mm、約300本
❏ 5×70mm、約30本
❏ 4.5×50mm、約200本
❏ 4.2×42mm、約250本
❏ 4.5×30mm、約20本
❏ 3.0×30mm、約100本

丸木ねじ屋外用：
❏ 4.8×40mm、約200本
❏ 4.5×20mm、約25本

埋め込み用束石

❏ 直径20cm紙製使い捨てコンクリート供試体成形型
　 枠、高さは条件により異なる
❏ 粗いコンクリート、束石の高さに応じた量
❏ 8mmの補強鉄筋、長さは束石の高さにより異なる
❏ エナメル線一巻

岩盤用束石

❏ コンクリート成形用防水ベニヤ板、束石の高さにより
　 数量が異なる
❏ 粗いコンクリート、束石の高さに応じた量
❏ 膨張コンクリート一袋
❏ エナメル線一巻
❏ 8mmおよび16mmの補強鉄筋、長さは束石の高さ
　 により異なる

その他

❏ 様々なサイズの防水シート
❏ 排湿構造の防風シート 20㎡
❏ 透湿防水シート／フォイル断熱バリア　20㎡
❏ 断熱材　95×555mm、20㎡
❏ ルーフィング（下葺材）一巻、10m
❏ アスファルト接着剤1リットル／アスファルトプライマー
　 一缶、またはコーキングガン用ボトル二本分
❏ 細いスチールワイヤー　一巻
❏ サーモシールドテープ　一〜二巻
❏ 様々な寸法のシキイタ
❏ 窓およびドア
❏ ストーブと煙突
❏ 炉台
❏ ストーブ用防護壁／輻射熱からの保護壁

REGISTER
索引

KÄLLOR & LÄSTIPS
出典および推薦図書

小屋の建設について：

Shelter, Lloyd Kahn (Shelter Publications 1973)

Home work, Lloyd Kahn (Shelter Publications 2004)

How to build a shed, Sally Coulthard (Laurence King Publishing 2018)

家および工芸に関する建造物保存修理からのアプローチについて：

Hantverket i gamla hus, Hans Mårtensson (Balkong Förlag 2007)

Energiboken, Svenska Byggnadsvårds- föreningen (Svenska Byggnadsvårds- föreningen 2011)

Fönster. Historik och råd vid renovering, Olof Antell och Jan Lisinski (Byggnads-styrelsen, Fortifikationsförvaltningen och Riksantikvarieämbetet 1988)

Gamla fönster, renovera, restaurera och underhålla, Alf och Eva Stenbacka (Norstedts 2010)

Den röda färgen, Margareta Kjellin & Nina Ericson (Bokförlaget Prisma 1999)

サウナの作り方とサウナ文化について：

The secrets of finnish sauna design, Lassi A. Liikkanen (Culicidae Architectural Press 2021)

Bastu, Jens Linder & Stefan Wettainen (Polaris 2019)

Vi bygger bastu, Göte Holgerzon (Svensk Byggtjänst 1980)

Bastun – ett andrum, Emilia Almqvist Jansson (KTH 2018)

Arkitektur genom praktik, August Almqvist Jansson (Lunds universitet 2018)

Badstuer i boliger, Jan Chr Krohn (Byggforsk 2000)

isoleringsbutiken.se/isoleringsskolanでは、断熱や防水の仕組みについて詳しく知ることができる。また、構造のガイド、建材の製造に関する研究報告書へのリンクも読める（スウェーデン語）。

EGET ANSVAR
自身の責任で

本書は、良質かつ信頼できるアドバイスの提供を目的としている。しかし、敷地条件（現場の状況）、材料の品質、施工によって、建物が内外の色々な要因に耐えられるかどうかが変わるため、著者および出版社は、本書に基づいて作られた建造物に関して、いかなる責任も負わないものとする。建築する場所に適用される法律や建築規制を守り、関連する保険契約を確認すること。不明な点がある場合は、専門家の助けを借りよう。

FÖRFATTARENS TACK
謝辞

卓越した職人技と、仕事でも遊びでも愛情をもってサポートしてくれたダグラスさんに感謝を申し上げます。編集担当のヘンリックさん、鋭い視点と的確なアドバイスをいただき、ありがとうございました。マリアとヨーナス、そしてジョージ・ジョーンズの歌とすばらしい料理で、サウナ作りの日々を盛り上げてくれたヨーナスの家族の皆さんの信頼と協力に感謝を申し上げます！ 弟へ、ピタゴラスをはじめ古代ギリシャ人たちの知恵を携え、いつ何時であろうと支えてくれて、ありがとう。文章校正と車の手配、まだ床板さえ敷かれていないにも関わらず我慢してくれたモッサンとボッサン、ありがとうございました。他に類を見ない品揃え、迅速な配達、忍耐強いサービス、高級な大工用作業靴を提供してくれた断熱材専門店に感謝を申し上げます。断熱材を提供してくだ

さった iCell 社に感謝します。わざわざ足を運んでくださり、満面の笑みでコンクリート技術を披露していただいたカーリンさん、ありがとうございました。ご一緒できたことで、まるでダンスのようにはかどりました！ また近いうちに一緒に大工仕事ができることを願っています。ヒントやレシピ、そして明るい言葉をくれたスカンセン野外博物館の同僚に感謝します。私を快く迎え入れ、刺激的な建物を見せてくれたサウナの作り手たちに感謝します。また、楽しいおしゃべりと、始終ひらめきを与えてくれた二つのサウナクラブに感謝します。伝統を守り続けているサウナ愛好家の皆さん、ありがとうございます。そして、思い切ってハンマーを手に取り、初めてサウナを作る人たちへ、感謝を！

サウナをつくる スウェーデン式小屋づくりのすべて

2023年11月25日 初版第1刷発行

著 者	リーサ・イェルホルム・ルハンコ（©Lisa Gerholm Luhanko）	STAFF	
発行者	西川正伸	翻訳	中村冬美、安達七佳
発行所	株式会社グラフィック社	監修	太田由佳里
	〒102-0073	翻訳協力	柚井ウルリカ
	東京都千代田区九段北1-14-17	カバー・本文デザイン	藤田康平＋前川亮介（Barber）
	Phone: 03-3263-4318　Fax: 03-3263-5297	編集	ferment books
	http://www.graphicsha.co.jp	制作・進行	南條涼子（グラフィック社）
	振替 00130-6-114345	印刷・製本	図書印刷株式会社
	ISBN978-4-7661-3768-2 C0076　Printed in Japan		